【中国人格读库

国家新闻出版广电总局

培育和践行社会主义核心价值观主题出版重点出版物

关天培传

高占祥 主编

夏 菲 著

北京时代华文书局

图书在版编目（CIP）数据

关天培传 / 夏菲著 . -- 北京 ：北京时代华文书局，2015.8（2022.3重印）
（中国人格读库 / 高占祥主编）
ISBN 978-7-5699-0486-4

Ⅰ．①关… Ⅱ．①夏… Ⅲ．①关天培（1781～1841）－传记 Ⅳ．① K825.2

中国版本图书馆 CIP 数据核字（2015）第 203153 号

关天培传

GUAN TIANPEI ZHUAN

主　　编 | 高占祥
著　者 | 夏　菲

出 版 人 | 陈　涛
责任编辑 | 邢　楠
装帧设计 | 程　慧　赵芝英
责任印制 | 訾　敬

出版发行 | 北京时代华文书局 http://www.bjsdsj.com.cn
　　　　　北京市东城区安定门外大街 138 号皇城国际大厦 A 座 8 楼
　　　　　邮编：100011　电话：010－64267955　64267677
印　　刷 | 三河市嵩川印刷有限公司　0316－3650395
　　　　　（如发现印装质量问题，请与印刷厂联系调换）
开　　本 | 787mm×1092mm　1/16　　印　张 | 11　　字　数 | 105千字
版　　次 | 2016 年 1 月第 1 版　　印　次 | 2022 年 3 月第 3 次印刷
书　　号 | ISBN 978-7-5699-0486-4
定　　价 | 39.80 元

社会主义核心价值观与中国人格

周殿富

社会主义制度在中国已经建立了六十余年，而我们党则在本世纪初叶提出了培育弘扬社会主义核心价值观的重大课题，显然是其来有自。

社会主义的道德风尚在新中国蔚然兴起，曾经那样地风靡于二十世纪中叶。邓小平同志曾经在改革开放中讲过，当年"这种风气不仅是中国历史上从来没有过的，而且受到了世界人民的赞誉"。然而可惜的是，这个在社会主义制度建立与实践中，同步兴起的社会主义道德风尚的成长道路，却是一波四折。半个多世纪以来，它先是与共和国一道遭受了十年"文革"的浩劫；接着便是全党工作重心转移到改革开放进程中，欧风美雨"里出外进"的浸洗濡染；再接着是西方"和平演变"在东欧得手的强烈震荡与冲击；最后又是市场经济中那两只"看不见的手"在搅动着、嬗变着人们的价值取向。至少在国民中出现了价值观上的多层次化，传统美德的弱化，社会道德文明水准的退化，光荣革命传统的淡化，这也许正是中央在本世纪初提出社会主义核心价值观的原因吧。

不管怎么"变"，怎么"化"，当我们回首来时路，却不能不说，中华民族真的很强大，很值得骄傲。人类经历了几千年的文明进程，堪称世界文化之源的"五大文明古国"，其他四大古国文明都已被历史淘汰灭亡，只有中国成了唯一的延续存在。近现代即使那般的积贫积弱，被西方列强豆剖瓜分、弱肉强食，想亡我中华都不可能，就连最强大的美帝国主义，最凶残的日本军国主义都成为我们的手下败将，而且打出了一个新中国，且跨过整整一个历史阶段，直接进入了社会主义。西方敌对势力几十年不遗余力地对新中国百般围剿，"冷战""热战""和平演变"手段用尽，连如此强大的前苏联乃至整个苏东阵营都被瓦解了，而社会主义的旗帜仍旧在960万平方公里的土地上高高飘扬，而且昂首挺胸地屹立在世界的东方，中国真的是太强大了。几十年来的瞩目成就，竟然令西方发出了"中国威胁论"。你管他别有用心也好，言过其实也好，总比让别人说我们是"瓷器"，是"东亚病夫"好吧？1840~1949年的一百零九年间，中国尽受别人的欺负、"威胁"了，我们也能让那些昔日列强有点"威胁感"，又有什么不好？更何况这是他们自己说的啊！我们并没吹嘘，也没有去做。几千年来我们侵略过谁呢？"反战""非攻""兼相爱，交相利"，中国古有墨子，近有周恩来、邓小平同志。这也是中华民族固有传统美德的延续吧！

生于忧患，死于安乐，这也当是中华民族的一个传统美德吧？几十年来尽管中国如此繁荣兴旺，但从邓小平生前一直到党的"十八大"以来，无论哪一届中央领导集体，从来都没有忘记过国之忧患。忧在何处，患在何处呢？

二十世纪八十年代末，邓小平同志曾经在半年的时间内四次提到：中国改革开放十年最大的失误在教育，在"对青年的政治思想教育抓得不够""对人民的教育不够"，足见他的痛心疾首。他晚年时又提到了"国格"与"人格"的问题，讲道："谈到人格，但不要忘记还有一个国格。特别是像我们这样第三世界的发展中国家，没有民族自尊心，不珍惜自己民族的独立，国家是立不起来的。"

（精装版《邓小平文选》第3卷331页。）

人们很少注意到邓小平的这一段话，但邓小平恰恰是在这里把"国格""人格"提升到了事关"立国"的高度。

那么，什么是我们社会主义的"国格"呢？邓小平讲得很明白："民族自尊心""民族的独立"。

新中国一路走来，我们最大的尊严便是完全靠"自力"，靠"艰苦奋斗"，而达"更生"之境。对西方敌对势力的"冷战""热战""和平演变"，我们何曾有过屈服？也正是在这一前提下，我们才有真正的"民族独立"。这就是我们的国格。那么什么是我们中国人的人格呢？邓小平同志在这里没有讲，但他在1978年4月22日召开的全国教育工作会议上的讲话中，在讲到我们的教育培养目标时，至少提到与社会主义人格相关的各个方面：革命的理想，共产主义的品德，勤奋学习，严守纪律，艰苦奋斗，努力上进，爱祖国，爱人民，爱劳动，爱科学，爱护公共财产，助人为乐，英勇对敌，集体主义精神，专心致志地为人民工作，等等。这里的哪一条不属于社会主义人格的范畴呢？

2006年党的十六届三中全会，第一次提出了"建设社会主义核心价值体系"的历史性命题和战略任务。2007

年，胡锦涛同志在"6·25"讲话中又具体提出这个"体系"包括四个方面的内容：①马克思主义的指导思想；②中国特色社会主义共同理想；③以爱国主义为核心的民族精神和以改革创新为核心的时代精神；④社会主义荣辱观。这四个方面，一是信仰，二是理想，三是精神，四是道德文明，哪一个不在社会主义人格的范畴之内呢？党的十七届六中全会又提到了社会主义核心价值体系是"兴国之魂"。

2012年11月，在党的"十八大"上又用"三个倡导"把社会主义核心价值观概括为十二项：①倡导富强、民主、文明、和谐；②倡导自由、平等、公正、法制；③倡导爱国、敬业、诚信、友善。而且中办文件又把这"三个倡导"分为三个层面：第一个"倡导"的四项，是国家层面的价值目标；第二个"倡导"的四项，是社会层面的价值取向；第三个"倡导"的四项，是公民个人层面的价值准则。实际上前两个"倡导"的八项都是属于"国格"范畴，而第三个"倡导"是属于"人格"范畴。

那么，我们怎样才能在前面讲到的那些历史嬗变中培育建构起这个"核心价值观"呢？中共中央政治局的第十三次集体学习，似乎很明确地回答了这个问题。

新华社北京2014年2月25日电讯称：中央政治局在2月24日，以弘扬社会主义核心价值观，弘扬中华传统美德为内容，进行了集体学习，习近平总书记在主持学习时强调：

培育和弘扬社会主义核心价值观必须立足中华优秀传统文化。牢固的核心价值观，都有其固有的根本。抛弃传统、丢掉根本，就等于割断了自己的精神命脉。博大精深的中国优秀传统文化是我们在世界文化激荡中落稳脚跟的根基。中华文化源远流长，积淀着中华民族最深层的精神追求，代表着中华民族独特的精神标识，为中华民族生生不息、发展壮大提供了丰厚滋养。中华传统美德是中华文化精髓，蕴含着丰富的思想道德资源。不忘本来才能开辟未来，善于继承才能更好创新。对历史文化特别是先人传承下来的价值理念和道德规范，要坚持古为今用、推陈出新，有鉴别地加以对待，有扬弃地予以继承，努力用中华民族创造的一切精神财富来以文化人，以文育人。

习近平总书记的这段论述相当精辟，对于如何培育建构社会主义核心价值观问题从四个方面剖切明白。

第一，他明确指出要在中华优秀传统文化的基础上，来构造我们的社会主义核心价值观，而不能割断历史。这一条十分重要，否则我们便会失去我们的本来面目，便会成为无源之水，也就无法走向未来。

第二，指出了中华传统美德是中华文化精髓，蕴含着丰富的思想道德资源。这就为我们揭示了社会主义核心价值观，要以弘扬优秀的中华传统美德为基础。

第三，他指出，对传统文化在扬弃中继承，在继承中创新。这就是说，社会主义核心价值观的内涵，既要有优良传统的文化精神，也要有时代精神，是二者的有机结合。

第四，他指出要用中华民族创造的一切精神财富，来化人育人。这就是说，弘扬中华民族文化，并不只是传承儒学那些道统，而是要弘扬全民族共创的优秀传统文化。同时也就是说，培育、弘扬社会主义核心价值观的根本目的是化民、育人。

尤其值得瞩目的是，习近平总书记在这次讲话中提到了一个"中华民族独特的精神标识"问题，而在同年的全国组织部长会议上又提出我们再也不能以GDP论英雄的思想。让人欣慰的是，思想道德文化建设终于被提升到一个民族的标识地位，这至少表明中国人的思想观念，并不落伍于世界潮流。

并不受人欢迎的亨廷顿生前给他的祖国提出的警示忠告，竟是如何弘扬他们没有多少历史和文化的"传统文化"："盎格鲁新教精神——美国梦"，以此为国家的"文化核心"问题。他讲道："在一个世界各国人民都以文化来界定自己的时代，一个没有文化核心而仅仅以政治信条来界定自己的社会，哪有立足之地？"所以，他提醒他无限忠于的祖国，一定要巩固发扬他们自入居北美以来，在新教精神基础上形成的"美国梦"理念的"文化核心"地位，这样才能消解这个国家的民族与文化双重多元化的危机。为此，他甚至预言美国弄不好会在本世纪中叶发生分裂。而且他公开预言不列颠大英帝国也会因民族与文化多元化的问题，导致在本世纪上半期发生分裂。

西方的一些专家学者们也十分强调国家民族文化的地位问题，柏克说："全世界的人根据文化上的界限来区分自己。"丹尼尔同样说："保守地说，真理的中心在于，对一个社会的成功起决定作用的是文化，而不是政治。开明地说，真理的中心在于，政治可以改变文化，使文化免于沉沦。"这些语言也可能有它们的局限性与某种非唯物性，但至少可以让我们看到那些发达的资本主义国家在想什么，至少与马克思主义经典作家们，关于意识形态并不总是消极被动地接受它的经济基础的论断并不相悖。

中国显然具有世界上最悠久的民族文化，同时显然也拥有世界上最强大的政治优势。新中国包括它直接进入社会主义的经济形态，以及其后的一次次经济变革，哪一次不是靠政治力量在强力推动呢？它当然同样拥有让我们几千年的民族文化"免于沉沦"的能力。有学人认为我们的民族文化早就被以往一次次的历史性灾难割裂了，这个看法显然都是毫无道理的。但我们当下却确实面临着"两个传统"失传失统的危险。中国的传统文化与优秀的民族美德，在当代国民中还有多少传承？老一代中国共产党人用生命与鲜血铸就的光荣革命传统，在党内还有多少"光大"？我们现在全民族的"核心文化"到底在何处？"社会主义核心价值观"的提出不仅符合世界潮流，也是使我们优秀的民族文化得以传承而不发生历史断裂的根本保证。富和强永远都不是一个民族的标志，哪个国家不可以富，不可以强？但能代表中国"这一个"本来面目，具有自己民族特色的，唯有中华民族的文化，能代表中国人形象的只有中国独具的道德人格。什么是人格？人格就是原始戏剧中不同角色的本来面目。

综上所述，我们是不是可以这样认为，社会主义核心价值观应内含如下的成分：中华民族传统文化中的优秀传统美德；中国人民近现代反帝反侵略反封建的爱国主义、斗争精神与中国共产党领导下形成的几十年光荣革命传统；中国化了的马克思主义有中国特色社会主义的共同理想；与"中国梦"远大目标相适应的时代精神。由这些内涵构成的社会主义核心价值观，用它来干什么呢？用习近平总书记的话来说就是"化人""育人"，把它再具体化一下，无非是打造能体现中华民族特色，代表中国形象的国格、人格。在思想道德层面上，一个国家的民族精神也只有在人的身上才能体现，所以我们依据社会主义核心价值观的基本要求，针对当代青少年的实际情况，策划了《中国人格读库》这样一套大型系列选题。

本套书承蒙全国少工委、中华文化促进会、团中央中国青年网三家共同主办推广，并积极提供书稿。难得高占祥老前辈热情出任该套书的编委主任，且高占祥同志不辞屈就加盟主创作者队伍。一些大学、中学教师与青年作者也积极加盟此套书的编写。该选题被国家新闻广电出版总局列为2014年全国社会主义核心价值观重点选题，在此一并鸣谢。

希望本套书的出版能为社会主义核心价值观的培育与弘扬，为促进青少年的道德人格养成起到积极的作用。欢迎广大读者与作家对不足之处批评教正，多提宝贵建议与指导意见。

谨以此代出版前言并序。

二〇一四年十月

于北京时代华文书局

引言

披发何人诉上苍，

孤舟百战久低昂。

前军力尽宵泅水，

幕府谋深坐裹粮。

握节魂归云冉冉，

飓灰风疾海茫茫。

神光金甲分明见，

噀血衔须下大荒。

——鲁一同《重有感（之二）》

    道光年间，闭关锁国的清政府早已为自大、封闭逐步付出了无可挽回的巨大代价，伤痕累累、满目疮痍的寸寸土地，无一不暗示着它现在以及将来的悲惨遭遇。而鸦片的流入，无疑为这片山河带来了更大的灾难。鸦片的肆虐横行，侵蚀着人的

关天培画像

身体乃至灵魂，上至达官贵人，下至平民百姓，无数人终日浑浑噩噩，沉浸于鸦片带来的虚幻世界之中。英国人用鸦片，叩开了中国的大门，乌烟瘴气的国土上，白银大量外流，由几代皇帝励精图治，建立起来的高高在上的清政府，早已被一点一点地蚕食，只待一声炮响，就能轰然倾塌。

乱世总是英雄辈出。乱世孕育了英雄，而英雄总是希冀终结乱世。关天培，就是诞生于此的英雄。

自小崇拜豪杰的关天培，希望自己可以成为顶天立地的英雄。鸦片战争的爆发，将这位有着满腔热血的民族英雄推上了历史的舞台。关天培誓与鸦片、英国侵略者斗争到底，因此，自朝廷下令禁烟开始，关天培就将自己完完全全交付于禁烟的大任之中。作为严禁派的一员，关天培在到任初期，就雷厉风行，大刀阔斧地进行禁烟。缉拿海盗，逮捕烟贩，整顿水师，修筑炮台，一举一动都似一把利刃，刀刀都刺向敌人的心脏。而他亦是林则徐的左膀右臂，英雄之间惺惺相惜，相互扶持，抛头颅洒热血，忧国忧民，舍生忘死。而当林则徐等人因为佞臣陷害，被革职查办之后，孤立无援的关天培依然毫不惧怕，坚决主战。

道光二十一年（1841年）二月，英军对虎门发起了疯狂的进攻，关天培带兵奋起反抗，战争异常惨烈，死伤无数。英雄们的鲜血染红了虎门。彼时，关天培身负十余处伤口，依然一马当先抗击敌人，未曾理睬过敌人的劝降。这位老人左臂严重受伤，依然奋战于阵前，亲自开炮还击敌人，最终，因为援军迟迟未来，在敌众我寡的不利战局之下，关天培在战场上殚精竭虑，不幸中弹，以身殉国。

这位民族的英雄，在战场上洒干了自己的最后一滴血，临死时也依旧是"挺立不倒"。关天培用自己的一生，书写了一个精忠报国的忠义之人波澜壮阔又感天动地的一个个壮举。他的不屈不挠，他的铁血丹心，他的铮铮铁骨，他的侠肝义胆，流传千古，为后世所景仰。

闻听关天培为国捐躯之后，林则徐悲痛欲绝，奋笔疾书，含泪为这位英雄写下了挽联："六载固金汤，问何人忽坏长城，孤注空教躬尽瘁；双忠同坎壈，闻异类亦钦伟节，归魂乡关面如生。"这则挽联，写出了无数人的唏嘘与悲痛，写出了无数人对于这位爱国将领的缅怀与敬佩，字字泣血、字字滴泪。

生当扬威，死当血食。英雄已逝，唯其精神，流传千古。

目录

第一章　生于忧患

世界格局 / 001

鸿鹄之志 / 004

漕粮海运 / 007

第二章　巩固海防

鸦片肆虐 / 014

水师提督 / 016

修筑炮台 / 019

更新装备 / 026

整顿军务 / 029

第三章　竭力禁烟

力主禁烟 / 033

销烟禁烟 / 038

英雄相惜 / 050

第四章　威名远扬

中英冲突 / 053

屡获奇功 / 058

英雄名号 / 068

丧子之痛 / 073

佞臣当道 / 076

海防告急 / 081

第五章　碧血虎门

木匣归家 / 085

血战虎门 / 094

孤立无援 / 112

死当血食 / 119

长歌当哭 / 131

第六章　名垂青史

关忠节公 / 138

《筹海初集》/ 142

《筹海初集》自序 / 144

后记 / 147

关天培年谱 / 150

第一章 生于忧患

世界格局

关天培，1781年生于淮安府山阳县。彼时，正是大清帝国由盛而衰的转折点。高高在上的清王朝，早已危机四伏，摇摇欲坠，即便是皇家的礼仪、排场依旧繁杂又奢侈，也掩盖不住其逐渐走向末路的命运。曾经被视为低下的、需要俯首称臣的英国，渐渐在远离东方这个古老国度的土地上逐步壮大，相较于大清帝国的封闭、自大，英国致力于发展与改变，工业革命为他们打开了新世界的大门，他们用先进的坚船利炮，一步一步地侵占起了不属于他们的国土。

英国人的胃口越来越大，小小的胜利早已满足不了他们，他们将目光转移到了亚洲，觊觎起了那条沉睡着的东方巨人，他们慢慢露出了獠牙，伸出了利爪，希冀将辽阔的国土，大笔的财富，统统据为己有。

金玉其外的大清朝，内里早已腐朽不堪。

自清兵入关以来，清王朝的几位皇帝，励精图治，使得大清帝国威震四方。自康熙二十年，平息了三藩之乱开始，清王朝走进了"康乾盛世"。那时的清王朝，社会稳定，经济迅速发展，疆域辽阔，人口增长迅速。康熙、雍正、乾隆三位皇帝，都有着雄才大略与帝王之才，一步一步将清王朝带入了顶峰。但是，作为中国封建王朝的最后一个盛世，这更像是中国封建社会的回光返照。与盛世的繁荣同时存在的，是隐藏在这泱泱大国之下的各种危机。

整个世界在发展，许多或大或小的国家致力于摆脱封建制度的束缚。而中国则依旧沉溺于封建之中，从未幡然醒悟。原地踏步的清王朝，并没有意识到，曾经的封建制度已不能适应发展的潮流，封闭的、落后的制度，不论有着怎样辉煌的外表作为掩饰，内里却早已埋下了炸弹，一旦触及，清王朝逐步建立的巍峨大厦，就会轰然倒塌。

盛世之下，也依旧有着阴影相随。闭关锁国的政策，在相当大的程度上阻隔了中国与其他国家的正常交往，中国在生产生活上总是依靠着自给自足的方式，这一政策的长期推行，阻碍了中国的发展，使其与世界脱轨，并逐渐落后于其他国家。而"文字狱"的肆虐，使得文化被扭曲变形，严重阻碍了人们思想的发展，这场空前绝后的灾难，导致无数文人墨客被"莫须有"的罪名迫害，同样阻碍了中国的发展。此外，重农轻商、轻视科学的思想，也带给了清王朝无尽的灾难，它们如同一根根缰绳，牢牢地拖住了清朝发展的步伐。

盛世之下的清王朝尚且如此，更遑论其日渐凋敝的未来。

鸦片，这个曾经用作药物的东西，谁能想到，侵略者竟然用它叩开了清王朝的大门，它不仅侵蚀了中国人民的精神以及健康，更是倾覆了清王朝统治的元凶之一。

早在公元8世纪的唐朝，鸦片就进入了中国，那时，鸦片是当作药品使用。到了雍正年间，已化身为毒品的鸦片引起了这位皇帝的警觉，下令禁止分销鸦片，但是，这道禁令并没有阻止鸦片在中国的肆虐。到了嘉庆年间，不仅仅是普通百姓，那些皇亲国戚也开始进行吸食，社会乌烟瘴气，国力逐渐衰退。

外国侵略者就用这些鸦片作武器，一步一步地将利爪伸向了中国，慢慢张开了血盆大口，只待中国人在吸食鸦片的缭绕烟雾中醉生梦死之时，将其吞入腹中。

此时的大清国，忧患内外交织。外部受到鸦片的侵蚀，内部也因自身的局限不断瓦解，此时的清王朝的统治，岌岌可危。面对内忧外患的步步逼近，此时的中国，出现了不少有识之士，纷纷投身于救亡图存之中，关天培，就是这些英雄中的一位。

鸿鹄之志

关天培，字仲因，号滋圃。其父名叫关自明，出身行伍。民间有一种说法，即关天培为"武圣"关羽的56世孙，是关兴后裔。关天培自小家境并不富裕，甚至是比较清贫的。关于关天培的幼年乃至青年的事迹，史书上并没有提及多少，但从寥寥几段中可以看出，关天培因为家境不好，只读过几年的书，之后便无法再继续学业。

不再读书的关天培，凭借着自身的努力，考入了军营，成为一名军人。

虽然没有继续在学堂中学习，关天培却绝非是大字不识几个的莽夫。他依旧努力学习文化知识，但是，与那时的大多数文人不一样，关天培学习文化更多的是看中了其实用性。因为，关天培认为，"我不学作诗吟赋，只学上奏章行公文，这才是实用之术"。每次上奏章行公文之时，关天培事必躬亲，每次都要亲自执笔，而从其奏章上看，其行文流畅，斐然成章。

在当时的社会环境下，军人的身份是比较卑微的，虽然清军入关就是靠着在马背上行军打仗，但是，这依旧抵挡不了之后军人被定义为"莽夫"的命运。

而关天培，虽然有着军人的身份，但是，因为其务实、勤奋、好学，使其既有着军人的侠胆义肝、凌然正气，也像文人

关天培祠，位于今江苏省淮阴市

一样言之有物，文采出众。

进入军营的关天培，后来考取了武庠生。武庠生，即武秀才，因为古代学校称庠，故学生称庠生，为明清科举制度中府、州、县学生员的别称。庠生也就是秀才之意。

成为武秀才的关天培，匡扶正义，立志报国。因为那时国力的衰退，社会的凋敝，让满腔热血的关天培决心要以己之力，救国家于水火之中。除此之外，年少时的关天培，非常喜欢听有关英雄的故事，耳濡目染，使其对于那些民族英雄有着强烈的崇拜之情。关天培欣赏霍去病，欣赏他不拘古法，用兵灵活的兵法策略，欣赏他率兵深入敌境数百里的魄力，欣赏他的少年气概。关天培亦崇拜班超，崇拜他投笔从戎的勇气，崇拜他出击北匈奴的霸气。这些英雄故事，深深地烙在了关天培的心里。

生于忧患之际的关天培，看到了山河破碎的景象，听到了铁血丹心的英雄故事，这些都是关天培能够如此大无畏的重要原因。

就在关天培被授予漕督右营把总之时，在其上任的前一天，其母亲吴氏专门把他叫到了自己的跟前，跟他讲了岳母刺字的故事，告诉关天培，要像岳飞一样精忠报国，为国家奉献自己的一生，作为一名军人，必须有着报国的决心与信念，像岳飞一样有着鸿鹄之志，有着马革裹尸的大无畏精神。关天培听了母亲的一席话之后更加震动，立志要像岳飞一样，为国家抛头颅洒热血，鞠躬尽瘁，死而后已。

纵观关天培的一生，有着和岳飞一样的精忠与热血，都是为了国家舍弃生命亦在所不惜。但是，令人唏嘘的是，关天培也和岳飞一样，没有摆脱被奸臣迫害的命运，最终战死沙场，为山河百姓，流尽了最后一滴血。

漕粮海运

关天培凭借着自己过人的天赋以及拳拳的报国之情，在仕途上走得还是比较的顺利的，而且在任职期间，也作出了很多的丰功伟绩。

嘉庆八年（1803年），关天培被授予漕督右营把总。嘉庆十七年，被授予扬州营中军守备。嘉庆十八年，三十四岁的他破获了一起私铸钱币案，抓获了王国英等18名犯人。嘉庆十九年，关天培率兵抓获了枭匪张万聚。嘉庆二十年，破获了一起叛逆案件，抓获了犯人25人。嘉庆二十二年，因为其在之前的任职中屡获奇功，受到了上级的赏识，认为其业绩卓异，让其回到原任，等待升职的机会。

在此之后，关天培更是平步青云，四十三岁时升任苏松镇标左营游击，四十四岁时升任川沙营水师参将。

关天培的才智、忠心、果敢，帮助其受到了赏识与信赖，使其得以在官场上比较顺利地一步一步走下去。但是，仅仅有着这些经历与贡献，是并不足以让关天培受到道光皇帝的赏识的。因为在军营里能够带兵打仗的，有着独特的军事视角与能力的，能够在任职内有所建树的，绝不仅仅只有关天培一个人。但是，一个偶然的机会，把关天培推到了道光皇帝的面前，并且让其大放异彩，受到了皇帝的赏识。

这个机会，就是道光年间的海运的重启。

回顾中国漕运历史，在元世祖忽必烈时期，就创行了海运。但是，因为条件的种种限制，海运一直是一种比较受争议的漕运方式。到了明朝永乐十三（1416年）年，海运被罢停，因此，明清时期的漕运制度，基本上是以河运为主的。但是，到了道光年间，海运这一方式，又被推到了众人的面前。

清朝的漕粮运输主要依靠的就是所谓的漕八省，即江苏、山东、安徽、湖南、河南、浙江、江西、湖北。这些省份，有的在运河沿线，有的在长江沿线。因为地理因素等原因，漕粮的征运任务主要就是集中在这几个省份上面，从它们这里把粮食运往京师。

作为重中之重的河运，将漕八省与京师牢牢地联系在了一起。但是，河运本身存在着一些弊端，也使得这种方式屡屡遭人诟病。例如，因为自身原因，河道常常会面临着堵塞的局面，此外，因为黄河的多次决堤，也导致了河道淤泥的进一步堆积，使得河道的运行更加的困难。除了这些因素之外，政治上的腐败等问题，也可以从清朝的漕运制度上显现。因为河运

总督漕运部院遗址

的耗费相当大，再加之很多官员的不作为，以及贪污腐败，徇私枉法等行为，把河运推上了风口浪尖之中，许多大臣纷纷表示，要求皇帝恢复海运。

事实上，海运本身风险很大，路途遥远，在航行中有着很多的不确定因素，即"海运险远多失亡"。但是，面对着河运出现的种种问题，海运就成为一种没有选择的选择。

道光四年（1824年），淮安高家堰决堤，运道被冲毁，河道的受阻直接导致了漕粮无法按时运往京师，使得京师的粮食供应受到了相当大的困难。而粮食一旦匮乏，甚至会造成清王朝的统治危机，因此，漕运制度必须改革，漕运出现的问题亟待解决。

道光五年，"漕粮海运"被正式提出。

当时，反对海运的声音不绝于耳，很多人纷纷表示海运这一方式并不可行。因此，在朝廷中，关于海运是否需要重启的争论相当的激烈，最终，支持海运的一派获得了胜利。

不论海运的风险有多大，面临着目前漕运的危机，海运不得不成为最终的方式。而此次的海运，关系重大，道光皇帝派琦善出任两江总督，陶澍则出任了江苏巡抚。

清政府组织的第一次海运，必须有一个十分可靠的人选，从而可以担任此次海运的督运人员。而就在陶澍犯难的时候，关天培挺身而出，"不避毛遂之嫌，力请身任"。关天培的毛遂自荐，让陶澍非常惊喜，因为关天培过人的胆识，屡建奇功的经历，赢得了他充分的信任。于是，关天培成为此次海运的督运人员，挑起了护送漕粮的重任。

于是，这一次的漕粮督运，成为关天培一生中非常重要的转折点。

道光六年春，关天培奉旨海运漕粮。

二月十三日，担任此次运送漕粮的押运委员关天培，只带了一名自己的水师随从，乘坐上了船只，率领着装满了漕粮的船队，开始了漕粮海运的旅程。此次海运漕粮，关天培任重而道远，肩负着非常重要的任务，海上风云变幻莫测，常常会遇上意想不到的天气突变，暴雨的突袭。而在海里，巨大的礁石就像一枚枚的炸弹，隐藏在海水之中，一旦不小心触及，后果难以预料。除此之外，运送的漕粮是海盗们眼中的香饽饽，他们会出其不意的出现，意图抢夺漕粮等物。

传说在此次海运中，关天培命人在指挥船的船头悬挂写有"关"字的大旗，这是为了对海盗、海神进行震慑，告诉他们这是关公保佑的船队。而沿海遇见的曾有不良居心的海盗们，见到这面大旗，吓得闻风丧胆，仓皇逃窜。

关天培此行，也是历尽了艰难险阻，不仅在漕粮海运的过程中，经历了海上风暴的侵袭，也遇上了很多船帮在航道上相互争执的场面。面对接踵而至的困难，关天培展现了其临危不惧、果断勇敢的一面。在风浪面前他正确地引导，在船帮争执之时成功调解，最终保证了此次海运的顺利完成。

关天培在运送漕粮的过程中，其种种行为与决策，皆体现出了他的使命感与领导力。

关天培在押运护航时，准确且比较准时地向陶澍汇报运粮的进程，使得陶澍可以按时了解到各种情况，并根据这些情况进行判断以及决策。例如在二月的二十六、二十七两日，漕粮北运的船队在海上遇到了风暴，而这次的风暴，甚至连在上海的陶澍都感受到了。这让陶澍大为担心，就在其坐立不安，焦急万分之时，他收到了来自关天培的报告。此次的报告，正是关天培向陶澍讲述他们在海上遭遇风暴的事情。当陶澍拿到报告之时，悬着心才放了下来。在面对风暴的袭击，关天培依然牢记使命，按时发送报告，及时又准确。

除此之外，关天培事必躬亲，亲自查验漕粮，或是全力救助海损。在二月海上风暴的肆虐之下，一部分的漕粮受损。关天培在检验之后，要求对一部分受潮粮食进行晾晒，而后，又果断下令抛弃了一部分受损严重的漕粮。当时，要下这样的决心是非常困难的，因为一旦抛弃这部分的漕粮，很有可能就会使得关天培被扣上盗卖漕粮的罪名。但是，为了能够自救，使得此次运送的漕粮顺利抵达京师，关天培依然下达了抛粮的命令。而在其向陶澍的报告中，非常坦然地讲述了此次事件的经过，没有任何隐瞒，其坦荡的陈述，亦获得了陶澍的信赖。

关天培为此次的漕粮北运作出了巨大的贡献，不仅运送漕粮平安到达，也体现了其相当丰富的经验。他对航道上的水情非常了解，对于季风的变换了如指掌。他的正确决策、及时的报告，直接奠定了此次海运成功的基础。最终，关天培成功护送了漕粮，此次漕粮海运圆满成功。而这一次的成功，使得道光皇帝大为高兴，不仅多次对关天培进行嘉奖，接连提升其官职，而且多次召见他，以示自己的惜才之心。

当时的关天培，将自己的大将风姿展现得淋漓尽致，使得皇帝对其青眼有加，也为其日后的经历，埋下了伏笔。

第二章 巩固海防

鸦片肆虐

1834年4月22日，对于清王朝来说，注定是一个悲剧开始的日子。

就在这一天，英王威廉发布了敕令，在这一敕令中，明确取缔了东印度公司在对华贸易上的垄断权以及管理权，其中，主要是将东印度公司对华进行鸦片贸易以及茶叶贸易这方面的垄断取消了。这就意味着，东印度公司丧失了独享中国市场的特权。曾几何时，东印度公司通过进行鸦片的贩卖，在中国获取了巨大的财富，巨大的利益。彼时的清王朝，就如同一块鲜美的肥肉，被东印度公司独自享用着。而敕令的颁布，无疑为其他虎视眈眈的英国企业提供了分享的机会。对于早已陷入巨大困境的清王朝而言，面临的灾难进一步加深，任何英国的企业都可以通过鸦片的贩卖，在中国的市场上分得一杯羹。

仅仅在广州，就有很多的私人企业纷纷出现，纷纷加入到这场臭名昭著的争夺战之中，妄图通过鸦片的走私贩卖，获取肮脏的市场利益。

为了获取高额的不义之财，鸦片贩子们绞尽脑汁，想尽各种方法进行鸦片的走私，不择手段地想要打开清王朝的大门。

首先，从伶仃岛到东南沿海，都有鸦片贩子的走私船，这些鸦片贩子，不断地扩大着他们的走私范围。过去，鸦片的贸易一般都是局限在广州这个地方，因为狼多肉少，再加上广州官商对鸦片的镇压与遏制，使得鸦片贩子对于贸易的现状非常不满意。因此，他们努力扩大着走私的范围，从广州向东南沿海扩展，这样一来，贸易市场的范围扩大，广州的官商们鞭长莫及，难以把控其他地方的走私局面，再加上沿海走私的利润比较高，这些鸦片贩子的荷包，就在走私范围扩大的过程中，逐渐被填满。

第二，为了可以使得鸦片在运输过程中更加的安全、省时，从而节约足够的成本，鸦片贩子们还从运输的工具上做起了文章。他们发明了一种名为"飞剪船"的船只，这种船只在运输时速度会快于其他种类的船，因此，会节约大量的时间。此外，这种"飞剪船"上面都配备了重武器，当清朝的官兵发现了鸦片走私船，并对其进行围追堵截时，这些重武器就可以派上用场，用它们来反抗清朝的官船，从而保证鸦片的运输安全。飞剪船还可以不受季风的影响，逆风而行，将鸦片从加尔各答顺利地运到伶仃岛。可以说，飞剪船是鸦片贩子们非常理想的运输工具，通过这种船只，节约了各项成本，满足了他们获取更高利润的贪婪胃口。

第三，以伶仃岛为例，在过去的鸦片交易中，是要通过那些中国奸商作为中间人的。但是后来，外国的这些鸦片贩子难以忍受自己无法独吞鸦片贩卖所带来的收入，因此，他们抛弃了中国的中间人，转而自己直接与买主进行交易。这样，贩卖鸦片所获取的财富会直接进入他们自己的腰包。随着这种方式的逐渐盛行，在沿海地区的鸦片走私愈演愈烈，肆无忌惮的鸦片贩子们在中国的领土上从事着这种肮脏的交易，他们甚至会为了争夺客源以及地盘而大打出手。就这样，中国的土地上上演着荒诞又悲哀的罪恶贸易。

鸦片贩子将自己肮脏的双手伸向了中国的土地，鸦片的肆虐，民生的凋敝，无一不诉说着中国人水深火热的生存状态。而此时，有识之士们纷纷起身，振臂高呼，希冀为拯救人民而献出一己之力。

水师提督

道光十四年（1834年）九月十九日，关天培接到了上谕，将其调任为广东水师提督。

能够成为广东水师提督，这个名义上的广东最高的军事长官，可以看出，道光皇帝对于关天培是多么的信任与赞赏。漕粮海运任务的出色完成，使得道光皇帝看到了关天培稳重、足智多谋、忠心耿耿的优秀品质，也让这位坐在龙椅之上，居于深宫之中，无奈又绝望地看着自己的臣民或是生活于醉生梦死，或是生活于饥寒交迫之中的皇帝，对关天培充满了足够的信任。

清朝的水师主要有两支，一是福建水师，一是广东水师。水师的作用并非作战，而是防御。他们需要做的，就是近海的巡逻，以及海岸的守卫。他们主要是驻守在沿海的炮台以及边防之上。

自鸦片开始流入中国，广东就是鸦片贩子的首选。

如此一来，广东就有着格外重要的地位，在遏制鸦片的走私中，必须要严格控制住广州地区，使得鸦片贩子无法从广东进行走私。就这样，广东水师的地位便逐渐超过了福建水师。

在清朝的官员的等级制度中，也可以体现出文武不对等的现象。在前一章我们提到过，在当时，文人的社会地位是要高于军人的，因为军人常常被视为有勇无谋的"莽夫"。而在官场中，从某种程度上而言，文官的地位与权力也是要高于武官的。因此，即便在名义上是广东最高的军事长官，关天培手中也无法完全握有兵权，他的权力，要受到两广总督以及广东巡抚的制约，换句话说，关天培是需要听命于两广总督以及巡抚的。在后文中，我们将提到对于关天培来说至关重要的两个人，一是林则徐，一是琦善，他们对于关天培的命运有着巨大的影响力。而现在，作为两任两广总督，他们对于时任广东水师提督的关天培，有着极大的节制力。

作为广东水师提督的关天培，肩上的担子极其沉重。

面对鸦片贩子肆无忌惮的挑衅与走私，以及外国侵略者的入侵，守住中国的领土，是关天培需要考虑的重中之重。

彼时，对于防范入侵的方法，比较盛行的观点是加强守卫。也就是说，当时朝野之上的普遍观点，就是依托海岸的据点，来抵御海上的入侵。清王朝海岸的据点，就是炮台，这些炮台就位于绵延的海岸线上，是清王朝具有极其重要的意义与地位的军事防御工具，一旦发现有敌人的船只入侵，就可以通过炮台直接向其开火，从而保护清王朝的领土安全。

广东的虎门就是重点的海防区域，这个地方易守难攻，有着得天独厚的地理优势，历代的统治者都对此处高度重视，将其视作中国抵御外侮侵略的宝地。因此，修筑、保卫虎门的防线，是关天培上任时就必须及时进行的重要工作。

新官上任的关天培，胸中充满着抵御外侮，救国救民的豪情壮志，而成为广东水师提督，无疑给予了他实现心愿的绝好机会。

修筑炮台

新官上任三把火，第一把火，烧的就是各种繁文缛节，铺张浪费。

关天培一到达虎门，就下达了命令，一切的欢迎仪式必须从简。这位最高的军事长官，相当厌恶那些琐碎的礼节，在他看来，做官必须要做一位务实的官员，踏踏实实做事，才是真真正正的为官之道。官场上的推杯换盏、溜须拍马，这位有着傲骨的汉子一辈子都没有学会，但是，那种朴素与勤勉，却时刻陪伴着他，走完自己波澜壮阔的一生。

第二把火，烧的则是那些不良风气。上任第二天，关天培就亲自去虎门的各个炮台进行视察，接见了那些守护着前线的战士们，向他们了解军中大大小小的各项事务。他还事无巨细地询问海防的情况，了解各个炮台的状态。关天培常常事必躬亲，对水师中的各项事情都进行检查，严格要求，纠正不良之风，竭力提高士气。

在视察的过程中，关天培对于虎门以及虎门炮台有了更加准确的认识。

他意识到，虎门是广东海域的咽喉，是大清朝防御侵略的第一道关卡。因此，虎门对于广东，有着极为重要的作用。只有把虎门这道防线做好，才能够做到真正意义上的防御。

因此，第三把火，就是全力进行虎门炮台的修筑。

位于珠江口的虎门，是广州的天然屏障。虎门有大角、沙角、南山、镇远、横档、永安、巩固、大虎山、蕉门和新涌10个炮台，扼守着从海上进入广州的唯一通道。但是，这些炮台很难真正发挥出它们的作用。因为这些炮台的炮位比较少，而且炮身也比较小，再加上护理不当，年久失修，一旦发生战争，这些炮台或许就成了绣花枕头，中看不中用，很难将敌人困在清王朝的大门之外。

面对这样的情况，关天培充分运用了自己的才智与军事知识，结合当时虎门炮台的实际情况，设计出了符合当时现实水平的炮台规划。

关天培提出了修筑具有三重门户防御体系的设想。

首先，第一重门户，就是沙角炮台以及大角炮台。作为第一重防御体系，这两个炮台最关键的作用并不是阻击，而是信号炮台。因为这两个炮台之间相距的距离非常远，一旦开火，并不能够做到完全的阻击。因此，它们的主要任务就是，一旦在检查过程中发现了比较可疑的，不服从规定的船只，就向第二道门户发射信号，其中，信号的方式包括炮声以及信号旗。通过第一重门户的信号，就会对后面的防御体系进行提醒以及警示。在本身无法阻止强有力的火力的局限之下，最大限度地发挥沙角以及大角两个炮台的作用。而这两个炮台，正是关天培独具匠心的三重门户防御体系中的第一重门户。

其次，第二重门户，就是上横档岛一线。位于江中的上、下横档岛将虎门的海口水道分为了东西两个水道，其中，东水道因为水比较深，成为主航道。而关天培的第二重门户的重中之重，就在这里。关天培通过加固、增建、改建炮台，从而使得主航道的防御体系变得坚固。在关天培指挥修建之后，仅仅在主航道就有威远、镇远、横档三炮台共计120门火炮。

同时，他还注意加固、修建60门火炮从而控制横档的西水道。

通过第二重门户的修建，在很大的程度上加强了虎门的防御体系以及火力。当面临外国侵略者时，上横档岛一线发挥着极为重要的作用，这会大大缓解虎门这一屏障的防御压力，并且提高其防御能力。

最后，第三重门户，就是在大虎山岛上。除了之前已经修建好了的大虎炮台之外，关天培还另外设立了师船以及各种类型的水军，而这一门户的主要作用，就是将冲破第二门户的敌人彻底歼灭。

关天培的三重门户防御体系的设想，可以说是史无前例的。其大胆的想法，为虎门的防御工程指明了一条系统的道路。通过三重门户的层层防御，可以互为保障，使得外国侵略者的船只难以进入我国的领土。此外，关天培有着良好的军事素养与常识，他善于利用各个炮台自身的优势，结合地理位置等相关因素，为不同的炮台量身打造了不一样的作用，使得炮台与炮台都可以进行相互的配合，从而最大限度地进行防御。

由此可见，关天培不但有着过硬的军事能力，亦是个饱读诗书的才子，只有博览与博学，才能结合各种实际的因素制定方案，并且运用到修筑炮台这种任重而道远的事情上来。

关天培这个大胆又科学的设想，很快就得到了当时两广总督卢坤的支持。有了上司的许可，关天培马上就把设想加以实施。

在历时十个月后，以三重门户为设想的虎门防御体系基本建成。在修建的过程中，关天培总是亲力亲为，时时刻刻都在监督着修筑工程的进程。他为了此次的修筑呕心沥血，鞠躬尽瘁，将自己完全奉献在了这项工程上。

除了把握总体之外，关天培也相当注意在细节上的考究。他坚持用三合土来代替花岗岩。因为使用三合土，就可以减轻敌方炮弹的冲击力以及杀伤力，从而降低我方的伤亡情况。

然而，虎门炮台在修筑之后，一件事情的发生，使得关天培再次下定决心，进行炮台的再一次修筑。

道光十八年（1838年），英国东印度舰队总司令马他伦下令，竟然让两艘军舰开到了虎门口外的伶仃洋上。关天培敏锐地意识到了对方的来者不善，他一方面指挥虎门炮台严阵以

虎门炮台遗址

待，做好应战的准备，一方面亲自指挥对这两艘军舰的检查。

关天培此举，是他职责所在，保护中国的领土不受侵犯，当然有资格对这些船只进行正常的检查。但是，马他伦却以此事为缘由挑起了事端，指责广东水师的例行检查不合理。他甚至直接致书关天培，要求其解释为何自己的军舰会受到水师的检查，并在书信中进行挑衅，威胁关天培，英国的军舰将会随时来到广东。

此后，英国的军队直接逼近了虎门，马他伦再次致书关天培，并要求其将公文呈给当时的两广总督邓廷桢。关天培义正辞严地表达了自己的看法，表示所做的检查都是根据清朝的禁令进行的，此外，他还质问马他伦，英国的军舰逼近虎门，意欲何为？

在此之后，关天培的不卑不亢，据理力争，使其在与马他伦的争论中占了绝对的上风，再加之他对于虎门炮台及时的修葺，以及广东水师的严阵以待，使得马他伦发现自己无法寻得可乘之机，最终，还是率领他的军舰，离开了虎门。

此次马他伦事件，绝非是他的个人行为，而是体现了英国为了走私、贩卖鸦片的不择手段，他们不惜使用武力，也要在中国这条巨龙的身上，狠狠地剜下一大块肉来。

有着敏锐的军事嗅觉的关天培，充分意识到了这次的事件绝非偶然，这让他再次下定决心，修葺炮台，使得虎门炮台固若金汤。

再次修建虎门炮台，关天培又一次提出了比较科学以及新颖的主张。

首先，他提出建设拦江铁排链。这些铁链比碗口还粗，重量非常。通过巧妙的安装以及隐蔽，这些拦江铁排链实际上是很难被外国的侵略者所发现的。当海上狂风大作之时，这些拦江铁排链却依旧是非常的隐蔽，"夷船出入，鲜有戒心"。

此外，关天培还在威远以及镇远两个炮台之间，增建了当时火力最强大的靖远炮台，有了火力强劲的炮台之后，整个虎门炮台的整体实力进一步提升，使得虎门炮台成为清朝名副其实的最强大的海防要塞。

关天培还加强了各个炮台之间的联系，运用挂旗、挂灯等方式，让各个炮台之间保持了通畅的通讯，从而提高了军事效率，节省了不少的时间。

虎门炮台的修筑，是许多人共同的心血。而关天培可以称之为其中极有贡献的一位。无论是他的三重门户防御体系的设想，与英国马他伦挑衅时据理力争的对峙，还是再次修筑炮台时的新颖设想，在当时，都是有着极为重要的意义。生于、长于忧患之际的关天培，有着敏锐的军事嗅觉与洞察力，以及高超的军事素养与技术。关天培与虎门炮台的故事，在历史的长河里，注定是浓墨重彩的一笔。

更新装备

第一次鸦片战争，真正从实质上给了醉生梦死的清王朝结结实实的迎头一棒。上至这个东方大国的皇权贵族，下至普通的黎民百姓，都意识到了，如今的这片土地，早已不是高高在上等待万朝来贺的帝国，只是一只在酣睡中被炮火惊醒，懵懵懂懂不知所措，早已被拔掉利爪与尖齿，金玉其外的巨龙罢了。

清王朝的大炮、舰队，在英国人的坚船利炮之下，变得不堪一击，侵略者们洋洋得意的炫耀着他们先进的设备，嘲笑着夜郎自大的清王朝。

可以说，设备的落后是清朝在鸦片战争中战败的一个非常重要的决定性因素，我们用着如此落后的武器，去抵抗列强的侵略，无疑是以卵击石的。

事实上，中国军队设备落后的现象，一直为人诟病。

因为国力衰退，再加之当时的中国，鲜有能工巧匠可以制造枪支大炮，因此，整个虎门炮台上的火炮，无论是在规格上，还是功能上，都是相当落后的。那些被寄予抵抗外敌的希望的大炮，长短不同，口径不同，甚至是来自于不同的朝代，这就导致了它们的性能相当薄弱。这些大炮从外观上看比较地破旧不堪，而且多为土炮。之所以叫作土炮，是相对于那些洋炮而言的。当时，这些火炮基本上都是广州佛山当地制造的，这些土炮，因为资金、技术等方面的限制，因此质量比较差，威力也比较小。

这些土炮，甚至是用木架来做炮架，而这样做直接导致的后果就是，在使用火炮时，只能直接对准目标进行发射，射程范围也比较有限。而在实战中，目标就在眼前的几率微乎其微，这就导致了这些土炮在性能上具有相当的局限。

直至鸦片战争爆发，中国军队使用的基本上是"红夷大炮"。

提及"红夷大炮"，就不得不回顾其本源。

红夷大炮，又称为红衣大炮，是欧洲在16世纪初制造的一种火炮，传入中国的时间是在明朝的后期。红夷大炮的威力很大，中国制作的那些传统的火器与其相比，自然不可同日而语。但是，这种武器在应用的过程中，其局限性也是逐步显现。

首先，在野战、守城等方面，红夷大炮在战争中会显现出明显的劣势，因为其体型非常笨拙，比较难以转移。其次，红夷大炮属于架退式前装滑膛火炮，每发射一次，都会严重偏离原有射击战位。按照正常的操作程序，需要经历复位、再装填，再次设定方向角和仰角的步骤。这样一来，在作战时就会浪费相当多的时间，尽管炮火的威力很大，但是，如果不能持续的发射，就会给予敌人喘息的机会，从而使其找到可乘之机。

随着时间的推移，外国人一步一步地探究着自己制作的火炮在性能上的弱点，并以此为基点，不断地改进。然而，清王朝却继承了明朝使用的这种红夷大炮，并将其奉若神明。

当意气风发的洋枪洋炮，与老态龙钟的红夷大炮上演对决时，孰胜孰负一目了然。

黄恩彤在其《抚夷论》中指出："至大炮来自西洋，名曰红衣，实曰红夷也，彼乃造炮之祖也。我未能得其制铸之秘，而火药不及，弹子不及，炮手更万万不及，遽与之争能，勿亦不是揣本而济末乎？"

作为广东水师提督，关天培在修建炮台的时候，就已经意识到了军事装备上存在的不容忽视的问题。

面对如此困境，关天培当机立断，下令进行新炮的铸造。

在铸造的过程中，意外频发。

因为清王朝落后的制造工艺，以及官场上腐败导致的经费被贪污克扣，在火炮制作时，很难做出符合心意的火炮，而在实验的过程中，新式的火炮常常爆炸，最终导致了一些士兵的受伤甚至是死亡。

目睹此情此景，关天培分外心痛。他强烈地意识到，必须要加强火炮的制作，必须要攻克火炮方面带来的各种难题。因此，即便经费被克扣，他依旧是排除万难，从澳门等地购进了

200多门洋炮，从而增强炮台的火力。

此外，他事必躬亲，亲自研究火药的配方以及技术，尽全力改善火炮的性能。

然而，尽管关天培有着如此伟大的想法，但是，因为当时中国依旧是以手工业为主，基础工业的水平相当低下，这位英雄的种种想法只不过是心有余而力不足罢了。仅仅依靠一己之力，自然难以改变当时火炮的整体水平，因此，清王朝在鸦片战争中的战败，自然也是可以预见的。

整顿军务

关天培调任虎门初期，就去虎门的各个炮台进行了视察，了解整个广东水师的具体情况。

可惜，令这位胸怀大志的英雄失望的是，迎接他的，并不是一个又一个龙行虎步、英姿飒爽的军人，而是懒散的纪律，低下的士气。沉闷以及无所事事弥漫在整个军队之中，这些原本应该满腔热血精忠报国的军人们，却似丢了军魂一般，浑浑噩噩。

造成这种局面的，不仅仅是整个水师的不思进取，也与当时整个社会环境，有着息息相关的紧密联系。

彼时，清王朝的官场是黑暗的、无耻的，那些被鸦片的烟雾熏晕了大脑，熏没了良心的官员们，一步一步侵蚀着清王朝的财富，克扣着属于别人的财产。他们官官相护，相互包庇，层层腐败。军饷被一层层贪污，到达普通的官兵们手中时，或许早已经所剩无几，这样的局面，常常让那些士兵们心生不满。

此外，过去夜郎自大的清王朝一意孤行的故步自封着，它奉行着小农经济的基础，坚持着手工作坊的形式，却对工业的制造几乎是一窍不通。当工业革命一步一步地开始改变世界时，中国似乎被孤立了。当它在孤芳自赏之时，却浑然不觉，依托于工业技术的进步，曾经的那些不起眼的小国，将会带着先进的武器，乘着先进的军舰，改变整个中国的命运。

没有先进的、发展着的工业技术，让以枪支大炮为武器的广东水师感到无所适从。没有技术的指导，缺乏专业的训练，即便是将士们心有余，亦是力不足的。

就这样，本就被世人视为"莽夫"的将士们，更是难以发挥自己的作用，他们浑浑噩噩的状态，不仅让关天培大为失望，更是让他下定决心，开始整顿训练这支广东水师。

为了保证整顿训练的质量，关天培亲自监督水师操练。在夜以继日的严格操练中，关天培自身也是受益匪浅，他通过一系列的实践，不断扩充着自己关于操兵演练这方面的经验，并将其系统化、概念化，最终形成了一整套比较可行的整顿训练方式。

在整个整顿训练中，重中之重就是训练士兵们对于火炮的操作使用，以及打仗经验的积累。

在火炮使用这个方面，关天培事无巨细地进行了规定。从最开始的装入火药包，放入炮弹，到最后的点火放炮、清理炮膛，整个流程的方方面面，关天培都做了非常详细的规定，希望让士兵们可以真正了解到使用火炮的方法，在运作过程中减少失误，从而在战争中提高效率，并且可以占据上风。

此外，关天培还绘制了不少的队列以及攻守形势图，并配有"号令说"的文字说明。这些图表，都是根据实战需要绘制而成的，耗费了关天培许多的心血与精力。由此可见，关天培比较注意实践积累与理论知识的结合，希冀可以通过理论指导实践，使得广东水师在训练上拥有比较合理的训练标准。

关天培还亲自带着官兵进行演练，通过这些演练，提高全体官兵的实战经验，他严格要求着整个的演练过程，无论是速度、动作甚至是做饭的时间，都严格地把控。

除了在整顿训练上，关天培有着自己严谨的态度，以及独特的训练方法，对于广东水师全体官兵本身的生活，关天培亦是格外的上心。

面对官兵们军饷较少的问题，关天培毅然上书，请求为水师们增添军饷。关天培自小深知民间的疾苦，更遑论现如今设身处地的置身于军营之中了。他意识到，若想打造出一支战无不胜、攻无不克的王牌水师，除了加紧训练之外，更需要让士兵们既能够心甘情愿为国家奉献，亦没有各种后顾之忧。因此，增加军饷是一个必须选择的选择。只有让士兵们在生活上满意，才能使其全身心地投入到平日的训练中来。

经过了坚持不懈的严格训练，以及关天培自始至终对下属、官兵的体恤，广东水师的士气一扫之前的颓废以及阴沉，重新焕发出新的活力，水师上下士气大振。道光十九年（1839年）九月初五，广东水师在虎门进行秋季操练，钦差大臣林则徐以及两广总督邓廷桢亲自进行了检阅。他们对此次的操练满意非常，更是对关天培大加赞赏，由此可见，关天培对于广东水师的操练、整顿，有着非常重要的意义。

第三章 竭力禁烟

力主禁烟

清王朝自鸦片流入以来，就开始了与鸦片之间源源不断的斗争，整个过程不仅时间比较长，而且相当的困难。

现在看来，鸦片侵蚀人们的思想，耗空人们的健康，明明是百害而无一利的毒药，为何如此难以消灭？

在这其中，有着非常繁杂的原因。

首先，当鸦片流入之时，不论是那些游手好闲的纨绔子弟，还是普普通通面朝黄土的底层人民，他们或是被引诱，或是好奇地吸食了鸦片，从此一发不可收拾，他们对鸦片产生了强烈的依赖性，宁可终日浑浑噩噩地生活在烟雾缭绕虚无缥缈之中，也不肯凭借意志力从中抽出身来。

其次，在动荡混乱的朝堂之上，有一部分的官员自己本身就已经吸食鸦片成瘾。除此之外，也有一些人与奸商勾结，通过包庇走私鸦片的行为从而受贿，从此中谋求利益。这些官员可谓是丧尽天良，为了满足一己之私，不惜将整个国家推入水深火热之中。

最后，国外的鸦片贩子深知中国的市场巨大，潜力无限，在中国进行鸦片的走私贩卖，可以完完全全满足他们的贪婪欲望。因此，他们不择手段地采取了一切方式，只为将毒品输送到中国，从中掠夺财富。

因为这些原因，使得中国的禁烟运动，显得任重而道远。

而在19世纪的30年代，更是中国禁烟史上最为激烈的时代。

禁烟与否的争论从未停止，很多官员意识到一旦禁烟，自己就会丧失很多私利，因此，纷纷竭尽全力地阻止禁烟，一时间，使得禁烟一派的处境格外艰难。

即便是朝廷下令禁烟，也会受到来自朝堂上的反对与阻拦。全国上下无法团结一致努力禁烟，这就给禁烟带来了很大的阻力。

此外，那时的鸦片贩子变得格外猖獗。

他们通过广东虎门进入中国，向中国源源不断地提供、走私鸦片，在利益面前，他们罔顾他人，早已丧失了基本的伦理道德。

他们蔑视清政府颁布的各项法律与命令，不听从官兵们的劝告，不配合官兵们的各项工作。他们甚至进行挑衅，采取武力的方式，强制进行鸦片的走私、贩卖。

在这些目无法纪、无法无天的鸦片贩子眼中，清王朝禁止贩烟的命令，只不过是一纸空文罢了。他们藐视着法律条文，藐视着清王朝的统治，更藐视着无辜的中国人的健康与性命。

面对如此局面，关天培以及不少有识之士意识到，禁烟的行动刻不容缓，鸦片的肆虐，可以侵蚀掉整个清王朝，于是，关天培等人，毅然决然地走上了禁烟的道路，希冀可以凭借着一己之力报效祖国，挽救人民，他们坚持与那些贪官污吏、醉生梦死的皇权贵族们作斗争，誓要挽救吾国吾民于水深火热的灾难之中。

对于鸦片在中国领土内大肆走私、贩卖的严重现象，朝野上下争论纷纷，一时间各种言论甚嚣尘上，但是，归根结底，这些官绅们的观点，主要分为了严禁派以及弛禁派。

那些主张严禁的官员们，大都是些光明磊落、两袖清风的有识之士，他们对于鸦片深恶痛绝，非常痛恨那些祸国殃民的鸦片贩子，非常深刻地意识到了鸦片对于国家、人民的危害。因此，他们纷纷上书，要求严厉禁止鸦片的走私贩卖行为，必须雷厉风行地对这些不法行为进行打击。

而那些主张弛禁的官员们，往往是鸦片走私的庇护者、维护者，他们或是已经吸食成瘾，或是已经在鸦片走私获取的利润中分得了一杯羹。

就当时的局面来看，鸦片不仅侵害了清朝人民的思想以及健康，也导致了清王朝的国力衰退。那时，国家的白银大量外流，导致了国库的亏损。

如此一来，严禁派官员更加清醒地意识到，禁止鸦片，刻不容缓。

当时，严禁派纷纷上书，批驳弛禁派的一些观点。

江南道御史袁玉麟就曾上书，从是非利害的两个方面，对于弛禁派观点加以批判、反驳。他指出，弛禁派的一些观点是相当错误的。首先，从这些观点上来看，是有违于祖制的，而且，也是对于当时的道光皇帝本人不敬的，是有背于其谕旨的。第二，因为当时弛禁派主张的是，官员、士子、兵丁不准吸食鸦片，对于这些人来说，鸦片是绝对禁止的事情。但是，他们同时主张，对于民间来说，鸦片的政策可以放宽一些，平民百姓可以适当种植罂粟。也就是说，弛禁派的主张是有两面性以及双重标准的。他们对于民间以及官员们有着不同的态度，也就是所谓的禁官不禁民。这样的政令不一，也使得严禁派忧心忡忡，认为这种方法不仅没有办法遏制鸦片，更会产生其他危险的后果。第三，对于弛禁派主张的收鸦片税的观点，袁玉麟也是强烈反对的。他认为，征收鸦片税，完全不能遏制白银的外流以及国库亏空的现象，只能鼓励、纵容鸦片的肆虐，而这完全是进一步地将清王朝推入万丈深渊之中。

袁玉麟的这些观点一针见血，从他的主张可以看出，他对于鸦片，以及弛禁派的这些观点将会带来的危害，是了如指掌的。

以鸦片禁官不禁民这一观点为例，袁玉麟就意识到，这样的政令不一，不仅仅会导致那些官员、官兵对于朝廷的不满，使得民间的鸦片种植、交易陷入相当混乱的局面，除此之外，一旦军队需要吸收新鲜的血液，而普通的黎民百姓早就遭受了鸦片的荼毒，身体虚弱，如何拿起武器，保家卫国？

这一系列的尖锐问题的指出，不仅体现了严禁派的深明大义、目光长远，也可以看出，他们对于禁止鸦片的决心。

作为严禁派的一员，关天培立场坚定地主张对于鸦片的禁止。

当时，道光皇帝下了严禁鸦片的决心，要求在全国严禁鸦片。而当时的虎门，是唯一合法开放的通道进口，因此，外国的奸商们常常取道虎门，进行鸦片的走私以及贩卖。由此可见，虎门是全面禁烟的重中之重。

1836年10月16日，严禁诏书到达广东。

关天培严格遵守着道光皇帝的谕令，采取了一系列的措施，坚决地查禁鸦片。关天培率领着广东水师，义无反顾地与鸦片做着斗争。

关天培书法

就在这一年的冬入，关天培和他的广东水师，协助破获了许多起走私、贩卖鸦片的案子。除了在广州城内外进行鸦片走私的打击之外，他们还在珠江口外大屿山口拿获了"蟹艇"纹银2万两，拿获2.8万余两。通过这一系列雷厉风行地打击措施，有效地遏制了鸦片的走私贩卖，打击了鸦片贩子的嚣张气焰。

由此可见，关天培对于鸦片是深恶痛绝的，他心怀天下，从未有一己私利。就这样，这位水师提督，轰轰烈烈地拉开了他在虎门销烟禁烟的大幕。

销烟禁烟

道光皇帝下定了严禁鸦片的决心，而后委派林则徐作为禁烟的钦差大臣，前往广州禁烟。

林则徐没有到达广州之前，关天培协助两广总督邓廷桢，坚决缴烟销烟。

道光皇帝多次给邓廷桢下旨，要求其全力禁烟。

其圣旨的大意，主要集中在以下几个方面。

首先，全力彻查各种走私、贩卖鸦片的案件，要从严查处，从严治理。一旦发现，要雷厉风行地进行鸦片的收缴，人员的查办。

第二，严厉禁止英吉利夷船入口，从而保证在根源上断绝鸦片走私的可能性。

第三，驱逐那些专门用于走私鸦片的趸船。趸船，是指那些无动力装置的矩形平底船，通常固定在岸边，用于装卸货物或是供行人上下。因为在当时，很多外国奸商利用趸船与中国商人进行鸦片的交易，因此，这些趸船被禁止、查处，也在意料之中。

第四，敦促英国商业贸易保护船回国，若是不服从，则会强行驱逐，并且停止与该国的贸易。这也是为了保护禁烟顺利的一个必要手段，从而可以防止鸦片贩子们通过这些贸易保护船钻空子，捡漏子。

圣旨的下达，让邓廷桢以及关天培更加有了禁烟的决心与勇气，两人坚决执行道光皇帝的旨意，誓与鸦片斗争到底。

在当时，金星门洋面是英国、美国等鸦片贩子一个非常重要的据点。金星门洋面，海道辽阔，水度深浚，可以通过巨型的船舶。因此，在19世纪中叶，贩卖鸦片的外国船队常常麇集于此。这里是鸦片贩子们的大本营，他们常常利用这里的地理优势，从事着贩卖鸦片的不法行为。

鸦片贩子们常常寻找借口进入金星门洋面。

每当南风起，他们就以避风为由，进入到金星门洋面，然后与国内的奸商相互勾结，沆瀣一气，从而进行鸦片的走私贩卖。

面对鸦片贩子们如此猖獗的行为，关天培屡次向邓廷桢提出建议，要求全力查处、清除存在于金星门洋面的鸦片走私船，从而消灭外国不良奸商的据点，保卫广州。

后来，邓廷桢听从了关天培的建议，下达命令，贴出了告示，禁止在金星门一带停泊外国的船只，进行非法的交易。

尽管下达了命令，关天培依旧明白，一纸的告示绝不能将那些鸦片贩子阻止于金星门之外。那些鸦片贩子面对着充满诱惑力的中国市场，早就已经利欲熏心，丧失了良心，丧心病狂的他们，很难被中国的禁令所压制，他们依旧会采取一切的不法手段，进行鸦片的走私与贩卖。

因此，关天培派出了巡洋舟师，布置于金星门。

除此之外，关天培还下达了命令，要求所有中国的船只，严厉禁止靠近趸船。为了防止走私洋船强行进入金星门洋面，他更是做了充足的准备，下令秘密准备船只，上有足够的火力武器，一旦发现外国船只有不法的企图，就可以用武力将其拒之门外。

外国的不法商贩相当地忌惮关天培进行的各种战略部署，不敢轻举妄动，一时间，曾经相当喧嚣、混乱的金星门洋面，变得有序又平静，金星门一带，"无夷片帆驶来"。

大鸦片贩子查顿就曾经哀叹："广州洋药（鸦片）市场已经完全停顿，也没有一艘走私船艇能够往来行驶。"

1837年底，关天培协助邓廷桢在大屿山口的急水洋面，擒获了正在进行交易的鸦片贩子郭康等26人，收缴烟土数百斤，赃款万余两。在邓廷桢给朝廷的奏报中，详细介绍了这次行动的经过。

> 水师提督关天培饬据提标参将，督带弁兵会同海丰县营，在鲒门洋面，拿获闽者鸦片匪犯郭康等并船上人员26名。并起获烟泥170余斤。另解案委员、究出在逃之船户郭安、郭浅，先后请托在澳门开设窑口之郭亚平，邀同夷人引至伶仃外洋，向夷船贩卖鸦片等情。臣等即派员弁，驰赴澳门，会同该管文武，将郭亚平并工人陈亚玉围拿擒获。起出数薄烟杆铜锅各物，禀解来辕讯究。

关天培在与鸦片的斗争中身先士卒，且有着大无畏的精神，面对接踵而来的阻碍，依旧毫无惧色，尽全力战斗到底。

关天培与邓廷桢这一系列的禁烟行为，使得外国人大为光火。显而易见，这些禁烟的行为，已经大大损害了他们的利益，没有可以停泊的港口，无法与中国的商人们进行交易，曾经在鸦片走私交易中尝到了巨大甜头的他们，怎能甘心到嘴的肥肉就这么飞走了？于是，他们纷纷进行阻挠，意图通过暴力武力，来获取他们的不法利益。

英国人义律，就是其中的一位。

面对着自己利益的丧失，外国人纷纷通过求助于政府，希望可以达到他们的愿望，维护他们在华利益。

在道光十七年（1837年）的冬天，义律也曾经致函帕麦斯顿，建议英国政府委派一个官员来华，同时乘坐着有着64门大炮的军舰，驻扎舟山。在义律看来，乘坐有着64门大炮的军舰来华的官员，对于广东的这些官员来说，有着相当大的威慑力。因为这是一次武力的展示，通过这样的炫耀，可以让中国人闻风丧胆，最终答应与英国的鸦片贸易，取消一系列的鸦片禁令。

但是最终，义律的这些要求并没有得到许可，帕麦斯顿回信说："关于派炮舰和一个官员去舟山胁迫中国政府放弃禁烟的计划，女王政府不觉得没有充分理由证明在目前采取这个计划是正确的。"

英国政府虽然在当时没有通过义律的要求，但这并不意味着他们不想在中国获取利益了。他们只是觉得，在当时的环境下，直接使用武力进行胁迫或许不合时机。

除此之外，道光十七年二月，义律致函英国外交大臣帕麦斯顿，向其详细讲述了外商在中国走私、贩卖鸦片遇到的困难与阻碍，要求政府派海军舰艇，使用武力迫使广东方面放弃禁烟的计划，停止禁烟的行为。

道光十八年五月二十一日，英国政府按照义律的要求，派出了军舰，前去挑衅广东水师。

英国政府委派的是东印度舰队司令马他伦，率领着军舰"威里士厘"号以及"阿吉林"号到达了中国的海面，进行了一系列的挑衅行为。但是，这些挑衅行为并没有引起与广东水师的激烈冲突，这些个小打小闹，并没有达成马他伦以及英国政府的最初愿望，到最后，使出浑身解数亦无法撼动广东水师的马他伦，发觉自己在这场挑衅行为中还是难以有所作为，最后，还是率领着两艘军舰，灰溜溜地离开了。

由此可见，英国人对于中国的鸦片市场相当看重，武力的使用与否，并不在于其是不是正义的，而只是在当时的环境之下，使用武力是否有必要。

这一时期关天培的禁烟行为，虽然不能说是完完全全将鸦片进行了清除，但是，就其意义与成果来看，在整个禁烟销烟的历史上，有着极其重要的意义。他打击了鸦片贩子的嚣张气焰，树立了中国人禁烟的坚定决心。

在林则徐到达广东之前，关天培以及邓廷桢等人，不顾外国势力以及国内弛禁派的种种阻拦，坚持着禁烟的事业。而随后，林则徐离京赴粤，无疑为这些禁烟的战士们打了一针强心剂，成为他们坚强的后盾与支持。

在林则徐离京赴粤之前，与道光帝密谈的次数多达八次，然而，其密谈的内容究竟是什么，众说纷纭。后世无法得知这几次的密谈究竟说了些什么，但是，可以肯定的是，道光皇帝与林则徐两人，都对鸦片抱着深恶痛绝的态度，皇帝对于林则徐有着很大的期待，希望他能够在禁烟这方面有所成就，不负皇恩。

带着道光皇帝的嘱托与圣旨，作为钦差大臣的林则徐，向着广东出发，走马上任去了。

1839年3月10日，林则徐到达了广州。

这一天天气晴朗，风和日丽，乍看上去，只是极为普通的一天罢了。

但是，这风和日丽下，掩藏着无尽的暗潮汹涌。这注定是永载于历史的一天，这一天，拉开了中国历史上最大规模的禁烟运动。

邓廷桢与关天培，率领着一众文武百官前来码头迎接。虽然之前关天培曾经下令，简化一切迎接仪式，废除那些繁文缛节，而此次，他们却亲自率众前来迎接这位新到任的钦差大臣。

这一行为，当然不是因为关天培阿谀奉承、善于溜须拍马。他们以如此大的阵仗来迎接林则徐，足以窥见其内心的激动之情。朝廷派来了钦差大臣，就意味着朝廷对于禁烟一事极为上心，极为重视。林则徐的到来，无疑为广东的禁烟运动提供了极大的保障与支持。

关天培下定决心，要坚决听从林则徐的安排与指挥，成为其在禁烟行动上的左膀右臂。

而他确实也做到了。

林则徐一上任，就雷厉风行、风风火火地开始了大规模的禁烟运动。

就在其到任的第二天，林则徐就下达了很多有关于禁烟、销烟的命令。他非常严肃地整顿了纪律，要求他的下属，绝对不可以随意外出。此外，他还交代："只收阅揭露鸦片罪犯的呈词，与鸦片无关的问题，一概不予受理。"由此可见，林则徐将其任职期间的重心，全部放在了禁烟上来。因为鸦片问题亟待解决、刻不容缓，是所有问题的重中之重。

除此之外，林则徐还召集了关天培等人，聆听他们对于禁烟问题的各种看法，听取他的意见与建议，最终，一起商讨了禁烟的策略以及防务等问题。

关天培积极配合着林则徐的工作，他亲自率领着广东水师，围追堵截往返于口岸和远海烟趸船的内地烟贩，并且加强对近海的巡逻，跟踪堵截那些已经退出外海的鸦片趸船。

关天培还陪同林则徐，在鸦片船常常出没的地方进行考察，帮助林则徐尽快对广东禁烟的形势有着比较深入的了解，从而可以使其制定进行进一步禁烟的政策。

3月18日，林则徐、邓廷桢、关天培共同对十三洋行商人进行传讯。这些商人与外国的奸商内外勾结，作恶多端。他们帮着外国人在中国进行鸦片的贩卖，并帮忙打理了外国人在华的很多不法事宜。例如他们会替这些外国人探听各种消息，了解广东禁烟行动的局势，当前官员们制定的政策等。除此之外，他们还会帮外国人打点各路官员，进行一些行贿的行为。

这些洋行商人的行为，完完全全出卖了自己的国家与自身的灵魂，为了财富的巨大诱惑，他们丧尽天良，祸国殃民。林则徐对他们的行为极为不齿，并且相当震怒，严厉地苛责了他们。

而这次的传讯，也让林则徐意识到，禁烟的形式极为严峻。除此之外，仅仅把目光放在这些中国人身上是远远不够的，必须要加大对于外国人的查处，因为他们才是提供鸦片的源头。

林则徐下定决心，誓与鸦片抗争到底，他表示："若鸦片一

邓廷桢等致林则徐书札

日不绝，本大臣一日不回，誓与此事相始终，断无中止之理。"并严正地警告外商：倘若"不知悔改，唯利是图，非但水陆官兵，军威壮盛，即号召民间丁壮，已足制其命而有余"。

林则徐要求外商，在三天之内必须保证：将已经运到中国的，但是还未卖出的鸦片，尽数交官；出具甘结，声明今后永不带鸦片来华。如有带来，一经查出，甘愿"货尽没官，人即正法，情甘服罪"。

这项命令一经发出，立即使得渴望在华谋取暴利的外国鸦片贩子大为震惊。他们无法接受自此之后无法获利的这一现实，于是，他们想尽了各种办法，来抵抗这项命令。

最开始的时候，这些外商拒绝执行这些命令，他们坚决不肯上交这些还没有卖出的鸦片。因此，粤海关贴出了告示，要求外国所有的船只，在还没有将鸦片问题彻底解决之前，统统不准离开广州，除此之外，他们还必须封舱，停止各种贸易的进行。与此同时，广东水师出动了船舰，封锁了珠江口。

外国商人们意识到此次中国的官员们动了真格，但是依旧抱着侥幸的心理，希望可以蒙混过关，于是，他们仅仅交出了1037箱鸦片，从而进行糊弄。

但是，林则徐早就做了充足的准备，他对于这些鸦片贩子手上实际握有的鸦片数量了如指掌。

事实上，林则徐早就派关天培去探查伶仃洋面上的趸船数量。关天培返回时禀告，在伶仃洋面的英国趸船有22只之多，若按每艘装1000箱计，少说也有2万余箱。

有着多达2万箱的鸦片，而这些狡猾的鸦片贩子却只上交了1037箱，如此的敷衍与漫不经心，让林则徐非常生气，于是，下令捉拿首犯，"以本大臣奉命来此查办鸦片，法在必须，速将颠地一犯交出，听候审判"。

颠地闻听此命令，非常害怕，他深知去见林则徐的后果，于是，在义律的帮助下，企图逃跑。

义律气急败坏地下令，要求停在伶仃洋面的趸船全部开走，并且摆出了战争的姿态，希望可以通过这种方式让林则徐等人退却。

但是，出乎他意料的是，关天培连夜率领着广东水师，对这些趸船进行围追堵截，在他们的不懈努力下，成功地将全部的趸船截获。并且在沿海群众的帮助之下，将化了妆的颠地一并抓获。

林则徐闻听关天培将这些趸船成功截获之后，非常高兴，下令将它们押回虎门，进行收缴。

心灰意冷的义律终于低头，3月28日，他禀呈林则徐："愿意严格地负责，忠诚而迅速地呈缴英商所有的鸦片20283箱。"

在林则徐指挥的禁烟行动中，关天培事事配合，誓为林则徐排忧解难，成为其的左膀右臂。

在关天培等人的全力配合之下，整场禁烟行动取得了很大的进展。

1839年6月3日，轰轰烈烈地虎门销烟开始了。午后二时许，林则徐在关天培的陪同之下，登上了礼台。林则徐一声令下，销烟开始。这场震惊中外的销烟行动，持续了整整20多个日日夜夜。

虎门销烟，是中国历史上浓墨重彩的一笔，这代表着中国人不可欺侮的姿态，打击了外国侵略者的嚣张气焰。林则徐、关天培等人，更是这场运动的领导者，他们向世界展现了其坚贞不屈、充满毅力的人格与品质。

英雄相惜

　　林则徐为官四十载，在官场上，常常经历着各种腥风血雨、尔虞我诈。但是，也有一些有识之士，与林则徐惺惺相惜，有着共同的宏伟目标，以及深厚情谊。

　　在林则徐离京来粤期间，关天培就是这样一个深得林则徐信任与欣赏的知己。

　　林则徐与关天培可谓是旧识。前文中曾经提到，当林则徐到达广东时，关天培兴奋之情溢于言表，亲自和邓廷桢一起，来到广州天字码头去迎接老友的到来。这其中，除了关天培深知林则徐的到来会为禁烟行动带来巨大的支持与保障之外，也有着故友重逢的万千感慨与兴奋。

　　在这飘零浮沉的世道之中，能迎来与自己相知、相惜的故友，当然是人生一大幸事。

　　关天培与林则徐相互欣赏着，他们感叹于对方的刚正不阿、运筹帷幄、心怀天下，他们赞叹着对方对于国家的拳拳之情，两位年近花甲的老人，都有着不亚于少年时期的一腔热血，他们立志要将侵略者赶出清王朝的土地，要将祸国殃民的鸦片彻底消灭。

　　因此，从林则徐一开始着手禁烟，关天培就毅然决然地站在了他的一边。

他全力配合林则徐的工作，围追堵截外国的船只，侦查走私趸船的鸦片数量，擒获走私鸦片的外国犯人。

他心思缜密，有勇有谋，在禁烟的事业中，尽职尽责地发挥着自己的作用。

就这样，林则徐与关天培共同携手，一次又一次地挫败了鸦片贩子的诡计与挑衅，扬我国威，保我人民。

两人之间的深情厚谊，寥寥几句怎能完全地展现出来。

他们之间，尽管有着上下级之间的命令与服从，但更多的是，有着共同愿望、共同抱负的英雄相惜。

在关天培血战虎门，遭佞臣陷害，最终含恨而亡之后。本身还在流放中的林则徐获得了消息。这位老人大为哀痛，怀着对关天培的崇敬之情，悲愤又哀恸地写下了挽联：

六载固金汤，问何人急坏长城，孤注空教躬尽瘁。
双忠同坎壈，闻异类亦钦伟节，归魂相送面如生。

据说，当关天培的家人为纪念他，建设了关忠节公祠，他们请到了书法家周木斋，将这则挽联雕刻到木板上，悬挂在祠内廊柱上。但是，周木斋却说出了内心的犹豫，他虽然非常欣赏林则徐的这则挽联，但是这里面"何人"的"人"字却是犯了忌讳。因为，挽联中所提到的"何人"，指的就是皇帝的心腹穆彰阿、琦善，或许还可以引申到皇帝本人，这可是犯了杀头的大罪。无奈之下，关家人忖度再三，将"何人"改成了"何时"。

一个书法家尚且知道这则挽联内含的种种含义，以及它所带来的危险，作为在官场上沉浮数十载的林则徐，自然在写下挽联之时，就深知其中的利害。但是，这位老人依旧是毅然决然地写下了它，由此可见，他在用自己的文字寄托着对于关天培的想念，以及为关天培战死沙场的悲痛，还有对于佞臣当道，皇帝昏庸，忠臣枉死的强烈愤慨。

第四章　威名远扬

中英冲突

在虎门销烟之后，尽管中国人终于扬眉吐气了一回，让世界各国看到了清王朝禁烟、销烟的决心，以及中国人强大的意志力。但是，这并没有让那些觊觎中国的外国侵略者丧失对于中国的贪婪欲望。尽管他们的嚣张气焰在某些程度上被打消，也让他们对于林则徐、关天培以及广东水师十分忌惮，但是，在利益的驱使之下，他们依旧坚持把利爪伸向了中国。

当时，很多英国商人因为忌惮林则徐、关天培等人的雷厉风行，在万般无奈之下，只能选择签订保证永远不夹带鸦片的甘结①，以此来保证自己再也不来华贩卖鸦片。但是，以义律

---

① 甘结：指旧时交给政府的一种字据，表示愿意承担某种义务，如果做不到，甘愿受到惩罚。

为首的部分英国商人拒绝签字，表示坚决不服。于是，林则徐颁布了《示谕外商速交鸦片烟土四条稿》，作为对义律的最后通牒。最终，义律迫于压力，向林则徐呈送了《义律遵谕呈单缴烟二万零二百八十三箱禀》，并且命令英商们上交了20283箱鸦片。但是，这并不代表着义律就此屈服，因为他依旧拒绝签订保证永远不夹带鸦片的甘结，以此来与关天培等人进行抗争。

义律向英国的商人们保证，他们的损失会由女皇陛下的政府来对他们进行负责，也就是告知大家，女王的政府将是他们的后盾，也正因为如此，义律有胆量与清政府叫嚣。

鸦片被统统上交，就意味着他们无法在中国继续他们的贸易了，这让义律感到分外的生气与无措。于是，他没有经过女王政府的批准，就下令要求英国人从广州撤出，撤到澳门。

迁到澳门的英国人，并没有多少收敛，依旧常常在广东沿海挑起各种事端。

到了1839年6月20日，有醉酒水手在尖沙嘴村与村民发生殴斗，其中村民林维喜在打斗中重伤不治。

自古以来，中国人都坚持着"杀人偿命，欠债还钱"的思想。林维喜一死，自然需要英国方面交出凶手，让其受到法律的严惩，从而告慰逝者的在天之灵。但是，这件事情发生以后，义律同意了对死者家属进行赔偿，但是拒绝交出凶手。

按照《大清律例》，杀人者需要偿命，而义律则公然违背了这条法令，并且以拥有领事裁判权为由，要求对凶手进行自行审判。

　　然而，事实上，林则徐在查证《万国公法》后，发现义律根本不具备领事裁判权。

　　义律这种公然违背大清律例，目无主权的行为，让林则徐、关天培等人大为震怒，再加之其一直拒绝签署保证书，于是，关天培奉林则徐之命，到达澳门海域进行了封锁，禁止食品、商品运往澳门，并且从澳门撤出了买办、工人。同时，他们要求澳门政府驱逐那些抗拒中国的英国人。

　　面对着关天培等人如此坚决地行为，迫于压力的澳门总督拒绝承诺保证英国人的安全。这就意味着，没有当地政府的庇护，这些英国人难以兴风作浪。于是，在万般无奈之下，他们迁到了九龙尖沙嘴对开的海面。

　　关天培与林则徐深知，处处受挫的英国人，面对着坚决不让步的中国官兵，必然会气急败坏，肆意挑衅。因此，为了防止英军寻衅，两人下令，要求水师加强战备，严阵以待。为的就是打击英军的挑衅、侵犯行为，时时刻刻警惕着，决不让自己被动挨打。

　　关天培移驻沙角炮台，密切注视英军的动向。

沙角炮台门楼

沙角炮台遗址

作为虎门第一道防线的沙角炮台，在三重门户的防御体系中，主要的作用就是监视以及发信号进行提醒。关天培在沙角炮台，丝毫不放松警惕，严密地监视着英国军队的一举一动。

与此同时，关天培还常常到30里外的穿鼻洋，来往稽查，检查那些进口的货船，确保它们没有暗度陈仓。即便是这些货船已经签订了绝对不夹带鸦片的保证书，关天培依旧不会掉以轻心，认真检查这些来往的货船，检查有没有走私鸦片的行为。

除此之外，关天培不论是在军事装备上，还是在整顿军务上，统统大刀阔斧地进行着调整，他加强了火力装备，严格训练广东水师，并且继续招贤纳士，吸收优秀的士兵进入军营，为中国军队增添了不少实力。

林则徐、邓廷桢常常会对炮台进行视察，了解防御建设的进度，寻找依然存在的问题与漏洞，并全力提高广东水师的士气。他们对于关天培的备战态度非常满意，认为他态度积极，心思缜密，有勇有谋，有着雄才大略。

林则徐、邓廷桢对于关天培的行为十分赞同，尤其是林则徐，对于关天培更是青眼有加。

在林则徐写给邓廷桢的诗中，他对关天培大为赞赏。

他写道："是时战舰多貔貅，相随大树驱蚍蜉。炮声裂山杂鼓角，樯影蘸水扬旌旒。"他在诗中竟然把关天培比作了汉武帝时期的楼船将军。

林则徐诗中的楼船将军，是指汉武帝时期针对南越叛乱而进行汇合战的将军。在这场战争中，楼船将军与伏波将军各率一路，两路军都打得非常出色。后来，两路军因为攻占了番禺，将南越列为了九郡，使得汉武帝龙心大悦，而两位将军都获得了封赏，其中，楼船将军"以陷坚为将梁侯"。

由此可见，关天培是多么被林则徐赞赏、赏识。

因为关天培在防御上的严密部署，对于士兵们的严格训练，对于装备上的不断更新，使得他率领的广东水师可以一次又一次地挫败英国军队的侵犯，挫败了英国人的嚣张气焰，保卫了中国的领土安全。正因为这位民族英雄的不懈努力，才使得英国人意识到，即便中国国力衰退，但是有了这些胸怀大志的民族英雄，想要拿下中国，很是不易。

屡获奇功

因为英国醉酒水手在打斗中将中国村民林维喜杀害，按照律例，林则徐向义律索要凶手。但是，因为义律拒不执行此命令，导致林则徐下令，将英国人驱逐出澳门，并且采取了断粮等手段。

这些行为使得义律等英国人怀恨在心，非常愤怒，于是，他们决心进行挑衅报复，希望以此来使得林则徐、关天培等人屈服。

于是，义律等人进行了各种密谋，准备用各种无耻的手段，寻衅滋事。

一天，被赶到九龙尖沙嘴对开的海面的英国人，在义律等人的带领下，乘坐着"路易莎"号，率领着巡洋舰"珍珠号"（装备6门6磅炮）等5艘船舰，直接开到了九龙山炮台附近的海面。

他们声称要"求为买食"，借着要求供应食物为理由，不断地向当时在该炮台进行着禁查走私和非法接济夷船的大鹏营三只师船进行挑衅。

关天培曾经向时任大鹏营参将赖恩爵下达命令，要求在没有签订甘结、没有交出凶手的情况之下，是绝对不可以给这些夷船进行粮食上的接济的。

于是，面对义律的"求为买食"，赖恩爵断然拒绝。

而义律正好抓住了这个机会，大耍无赖。

他坚持，那些被巡洋水师没收的食物，是英国人自己购买，并且已经付了钱款的。而对于被他包庇，试图逃过清朝法律严惩的凶手，却是只字未提。

赖恩爵面对此种情况，自然不为所动，坚持拒绝义律等人的要求。

恼羞成怒的义律再也按捺不住，在下午二时，派出了一只小船，并且靠上了师船，递交了一份抗议书，在这份抗议书中，义律表示，必须在半个小时之内，将粮食交出，如果不按照他的要求执行，他就要率队攻击水师的战船。

义律的狼子野心昭然如揭，他对广东水师进行威胁，以倨傲的口气进行挑衅，由此可见，其要求供给粮食未必是真，其最重要的目的是为了攻击我国的军队，反抗林则徐等人对于严禁鸦片所制定的各种政策。

半个小时之后，赖恩爵派官兵前去对义律进行答复，但是不成想，义律竟然下令，开炮进行攻击，当场击毙了兵丁欧仕乾。

英国人的暴行彻底激怒了广东水师的将士们，他们无比地愤慨，立即进行了反击。他们不断向英国人开炮，展开了非常猛烈的攻击。

战斗进行了两个半小时，英军对于水师将士们的猛烈进攻逐渐招架不住，于是仓皇逃窜。而广东水师乘胜追击。又遭遇了前来支援的英舰"窝拉疑"号等船舰。它们将水师拦截在鲤鱼门，双方又一次展开了非常激烈的争斗，一时间，海上炮火连天，杀声阵阵。

水师将士们发射的一发炮弹，击中了义律乘坐的"路易莎"号，使得英军胆战心惊，纷纷抱头鼠窜，

九龙之战海战图，左为英国军舰

在广东水师的英勇战斗之下，不久英军"叠见夷尸随潮漂淌"，"此外夷人受伤者尤不胜计"。下午6点30分英船逃回了尖沙嘴，九龙海战以我方的大胜而告终。

林则徐在其《会奏在九龙洋面轰击夷船情形折》中，就这次战斗作了详细报告：

接据大鹏营水师参将赖恩爵禀称，该将带领师船三只，在九龙口岸查禁接济，防护炮台，该处距尖沙嘴约二十余里，七月二十七日午刻，义律忽带大小夷船五只赴彼，先遣一只拢上师船，递禀求为买食。该将正欲传谕开导间，夷人出其不意，将五只船炮火一齐点放。

有记名外委兵丁欧仕乾，弯身料理军械，猝不及防，被炮子打穿胁下殒命。该将赖恩爵见其来势凶猛，亟挥令各船及炮台牟兵，施放大炮对敌，击翻双桅飞船一只，在旋涡中滚转，夷人纷纷落水，夷船始退。少顷，该夷来船更倍于前，复有大船拦截鲤鱼门，炮弹纷集。我兵用网纱等物，设法闪避，一面奋力对击，瞭见该夷兵船驶来相助，该将弁等奋激之下，连放大炮轰击夷人多名，一时看不清楚，但见夷人急放三板，下海捞救。……等至戌刻，夷船始退回尖沙嘴。计是日接仗五时之久，我兵伤毙者二名，重伤者二名，轻者四名，皆可医治。师船间有渗漏，桅篷亦有损伤，均即赶修完整。嗣据新安县知县梁星源等禀报，查夷人捞起尸首就地掩埋者，已有十七具，又渔舟叠见尸随潮漂淌，捞获夷帽数顶；并查知假扮兵船之船主得忌剌士，手腕被炮打断；此外，夷人受伤者，尤不胜计。

臣等查英夷欺弱畏强，是其本性。向来师船，未与接仗，只系不欲衅自我开，而彼转轻视舟师，以为力不能及。此次乘人不觉，胆敢先行开炮，伤害官兵。一经奋力交攻，我兵以少胜多，足使奸夷胆落。即空是屡驱不去，故智复萌，一炬成灰，亦可惩一儆百。

事实上，九龙战役的意义非常重大，有学者认为，一般地说来，中英第一次鸦片战争是从这次海战开始的。这也是中国近代史上一系列反侵略战争中的第一仗，由此可见，这场战役，对于中国人来说，是一个全新的转折点。

九龙战役的胜利绝非偶然，这与每一位水师将士的舍生忘死密不可分。其中关天培在这场战役中，发挥着相当重要的作用。

关天培"排日分合操练，以振军威；并加派弁兵，协防排练，添雇水勇，装配火器，以备随时调遣"，由此可见，若是没有关天培的长远目光，没有他的严格训练，没有他的提振士气，没有他的巩固海防，没有他的坚持立场，这场九龙战役的最终结果，是很难预测的。

毕竟，在关天培的上任之初，整个广东水师浑浑噩噩，纪律并不严明，而其装备陈旧，更是无法与英国军队相抗衡的。

在九龙战役失败之后，英国人心有不甘，于是，在1839年11月3日，再一次进行了挑衅。

此次挑衅行为，史称"穿鼻之战"，指的是鸦片战争爆发前中、英之间在虎门南面穿鼻洋海面上的战斗。在此次战役中，关天培率军在虎门口外穿鼻洋战败英军挑衅，挫败了英国人的邪恶目的。

那一天，英国船舰"窝拉疑"号以及"海阿新"号开到了穿鼻洋面，试图强行阻拦那些已经办理具结手续，准备进入虎门的英国货船。并且命令他们折回，不准进入虎门。

就在关天培率兵对于已经办理具结手续的英国货船进行例行检查的时候，"窝拉疑"号突然发难，向关天培率领的师船进行开炮，当场炸毁一只师船，另外，另一艘艇也被炮火击中了火药舱，烧死了兵丁六名。

而另一艘"海阿新"号，也全力开火，猛击关天培的师船。

面对如此危险的情景，关天培临危不惧，非常冷静地调兵遣将，进行反击部署，颇有大将之风度。

在这场激战中，关天培手背受伤，血流不止，但是其依旧不为所动，指挥军队对英国的船舰进行攻击。

一位英军描述了当时的情况："水师提督的战船和其余几只船，据着原地，猛力对我方进攻，实在出乎我们的意料之外，从距离看来，中国的炮和火药是很好的，只不能自由地上升下降，炮弹太高，多无效果，只有少数落于船桅和索具之上。"

尽管受到了装备的限制，关天培率领的广东水师，在发射炮弹之时，并没有完全发挥火炮的作用，期间出现了一些发射之后并无效果的局面。但是，因为水师将士们的众志成城，即便装备的不先进，也没有阻挡他们击退敌人的决心。

在他们的不懈努力之下，最后，"窝拉疑"号船帆等处，多处被击中，"海阿新"号亦是多处中弹。英军大惊失色，慌乱无措。

在双方酣战了近一个多小时之后,"窝拉疑"号与"海阿新"号且战且退,最终大败,仓皇逃走。

在此次的穿鼻洋战役中,清军水师3只兵船受击进水,兵丁死15名,伤数十。这次战争,清军遭到突然袭击,加上英军武器又占优势,所以损失较大。

但是,面对着水师装备较差,无法与敌人抗衡的局面,关天培依旧表现出了大无畏的沉着冷静,广东水师的全体官兵们上上下下齐心协力,在最初受制于人的情况之下,可以扭转战局,最终转败为胜。

这场战争的胜利,与关天培的正确指挥有着密不可分的关系。即便是在手背受伤的情况下,依旧坚持抗敌,这也让道光皇帝大为赞赏,在读完林则徐描写此次战役的奏折之后,他阅后朱批:"可嘉之至"。

英军虽然没有在九龙、穿鼻洋战役中取得他们希望的结果,他们却依旧不放弃对于中国的进攻。

于是,1839年11月,官涌山保卫战爆发。清军为了防范英国军队的侵犯,于尖沙嘴以北官涌山布防。1839年11月4日~13日,义律率英舰向清军进行海陆攻击,于10天内攻击了6次,但是未能攻克官涌。

英军企图一雪之前几场战役惨败之耻，因此，发动了战争。尖沙嘴由于地处珠江三角洲东岸陆地尽头，自古以来是华南海路要冲。明朝万历年间的《粤大记》内所载的沿海图中，已有尖沙嘴的纪录。19世纪初，随着广州成为清朝的海路交易中心，有大量外国商船（当中不少为鸦片船）在尖沙嘴对开海面停泊。

英军之所以选择尖沙嘴以北的官涌山，是因为从地理位置上看，尖沙嘴群山环抱，风平浪静，而他们盯上了尖沙嘴的官涌山的原因，则是认为从这里实施俯攻是最为有利的。

而此时，与英军进行了多次交手的关天培，深知英军的本性。他知道，尽管英军在之前的进攻中都碰了钉子，但是，这并不意味着他们会就此放弃。恰恰相反，他们会像一只隐蔽在灌木丛中的狼一样，恶狠狠地将自己藏起来，偷偷地监视着猎物，待到时机成熟，就会一跃而上，咬断猎物的喉咙。

于是，关天培下令，要求广东水师的将士们在官涌山一带加紧海防的建设，绝对不能给敌人任何的可乘之机。

察觉到了清军进行的行动之后，英军派人去打探一下虚实，当时驻扎在该处的清军参将陈连升派兵擒拿了这些英军。

得知了这一情况的英军，意识到他们必须拿下官涌山，否则的话，他们无法进行更大范围的侵略活动，官涌山就像一根刺，牢牢地扎在英军的心里面，让他们再也按捺不住，急不可耐地试图拔掉它。

于是，他们一次又一次地向官涌山发起了进攻。前后共有六次之多。

第一次，英军爬上了官涌山，但是被陈连升率兵连连追赶，最后落荒而逃。

第二次，英军的船舰在海面上向官涌营盘开炮，清军奋勇回击。

第三次，英国船舰正面开炮，企图调转清军的注意力，他们的小船则试图乘乱，从侧边包抄，乘潮上岸，但是，趁乱上山的英军，最终还是被守军赶了下来。

第四次，广东水师再一次将夷船击伤。

第五次，关天培调集水师，亲自率领，发起了对敌军的攻击。林则徐在奏折中写道："中国军队五路大炮重叠轰击，遥闻撞破敌船舱之声，不绝于耳。该夷初犹开炮抵抗，迨一两小时后，只听咿哑叫喊，竟无回击之暇，各船灯灯，一时熄灭，弃桩潜逃。第二日天明，瞭望约已逃去其半，有双桅三板一只，在洋面半沉半浮，余船十余只退远停泊。"

第六次，当敌军再犯官涌之时，关天培亲自率军，将英军引入了大炮的射程之内，此时，万炮齐发，响声阵阵，打得英军落花流水，抱头鼠窜。

这三次战争，对于中国的意义非常重大，虽然清王朝的胜利并没有阻止英军继续侵略的决心，但是，却给清王朝的能人志士打了一针强心剂，使得他们更加有信心，与外国的侵略者斗争到底。

英雄名号

关天培戎马一生，经历了无数大大小小的冲突与战役。

他胸怀宽广，心怀天下，舍生忘死。不论战役如何惨烈，他都是身先士卒，毫不退缩。

在穿鼻洋一战中，关天培已是花甲之年，但是，这位忧国忧民的老人，从来都没有告老还乡、颐养天年的愿望，有的是那种壮志未酬，绝不退缩的果敢。

在那场战争中，关天培亲自上阵指挥抗敌，屹立于船桅之前，即便手背受伤，鲜血染红了臂袍，依然咬牙坚持，奋勇抗敌。

林则徐在写给道光皇帝的奏折中，处处都体现了他对于关天培的欣赏。

关天培奋不顾身，仍复持刀屹立……其本船所载了三千斤铜炮，最称得力，首先打中'士密'号船头。船头之人，纷纷滚跌入海。……麦廷章督率员弁，连轰两炮，击破该船后楼，夷人亦随炮落海，左右舱口，间有打穿。……接仗约有一时之久，'士密船'上帆斜旗落，且御且逃。……收军之后，经附近渔艇捞获夷帽二十一顶，内两顶据通事认系夷官所带。

道光皇帝读完这本奏折之后，作出了朱批，认为关天培不应该亲自挺立桅前，因为"恐失其身份与尊严"。

皇帝的批复，看起来是对于关天培的批评与不满，但是实际上，关天培的这一系列行为，早就使得君心大悦。皇帝认为关天培"恐失身份"，与其说是顾忌了大清官员的尊严与面子，倒不如说是对这位老将的心疼。

皇帝觉得，花甲之年的关天培，即便是退居后线进行指挥也不为过，而他偏偏将生死置之度外，敢于直面敌人，鼓舞士气进行抗敌，这等忠心，怎能不让这位处处受人压制的皇帝感动呢？

于是，待到穿鼻之战胜利之后，道光皇帝当即授予了关天培英雄名号。

道光皇帝道："提督关天培在此次的行动中，奋勇直前，亲自督率部队、可嘉之至。为了奖赏起见，着授予关天培'法福灵阿巴图鲁'名号，兵部从优议叙，以奖励他的功绩。"

巴图鲁，常常在汉语中翻译为"英雄""勇士"，为满洲传统封号之一，明朝时女真人即开始使用此称号，后来成为清朝时期赏赐有战功之人的封号。因其用来表彰获封之人的武功，故而又有"勇号"之称。

由此可见，关天培在道光皇帝的心目中，已经成为一个顶天立地的民族英雄了。

而作为关天培的老友，林则徐除了常常在奏折之中向皇帝提及他以外，更是对其不吝溢美之词，写诗赠与关天培，用来赞扬其在战争中表现出来的大无畏精神。

林则徐写道：

> 功高靖海长城倚，
>
> 心切循陔老圃知。
>
> 泡露英含堂北树，
>
> 傲霜花艳岭南枝。

在这首诗中，不难看出，林则徐对于关天培无与伦比的惜才、爱才、慕才之情。

国力衰退的清王朝，在风雨交加之中飘零着，朝野上下不乏官官倾轧，朝野之外又被列强觊觎，阴云密布的清王朝，压抑又单薄。而此时的关天培，却似穿过乌云的阳光一般，让道光皇帝以及那些心怀天下的官员们喜出望外。

因此，面对着关天培屡立奇功的表现，他们纷纷出言赞叹，自然不足为奇。

不仅如此，关天培的英勇抗争，给敌人都留下了极为深刻的印象。

他们对于关天培的看法是极为复杂的。

作为敌对的双方，他们自然恨透了关天培的无所畏惧。清王朝虽然早已不是那个威震四方的泱泱大国，从整体实力上看，善于骑射的清军，怎能敌得过有着长枪大炮的外国侵略者？可是，外国侵略者却依旧难以拿下中国的土地，就是因为清王朝这些有识之士，不惜一切代价地阻拦着他们。

他们刚正不阿，他们视死如归，他们两袖清风，他们不卑不亢。

外国人向他们行贿，遭到了严词拒绝。恼羞成怒的侵略者跳着脚，掷下狠话威胁他们，不成想他们依然面不改色。外国人最后只能诉诸武力，却被打得落荒而逃。

因此，关天培在他们心中，就是眼中钉、肉中刺，他们咬牙切齿，欲除之而后快。

但是另一方面，作为将领的他们，却不得不暗暗佩服关天培的为人与风度，在他们看来，这位水师提督是一个完完全全的军人，有着军人的血肉，有着军人的灵魂。

多次带领军队挑衅、袭击中国领土的义律，就是其中的一位。

他曾经在写给英国外交大臣帕麦斯顿的信中写道，水师提督的行为无愧于他的职务，这样说是公正对待一个勇敢的人。他的那艘帆船显然比其他船只配备了更好的武器和人员。在他起锚之后，或更可能是在他很快开走或悄悄溜走之后，他毫不气馁，以熟练的方式与女王陛下的船舰作战，表现了他行动的决心。由于他所做的努力是毫无希望的，从而增加了他行动的荣誉。

这段话是非常耐人寻味的。

在义律看来，他是将中国的军队视为必然的手下败将，因此，他会将清军所做的努力都认为是"毫无希望的"。由此可见，义律即便是在几次战争中，都没有取得他想要的预期效果，但是，他依旧是信心满满的，认为攻下广东指日可待，大败清军也是一件意料之中的事情。

但是，他也不得不，或者是在他看来，非常"公正"地表示了他对关天培的看法。

在他的心目中，对于关天培，他也是比较的赞赏的，他认为关天培是当之无愧的"水师提督"，是"勇敢的""荣誉的"。

关天培在穿鼻之战，以及其他的大大小小的战役之中，所表现出来的军人魂魄、人格魅力，感染了无数的将士，使其敢于前赴后继，舍生忘死。关天培，对于皇帝赐予他的英雄名号，是当之无愧的，他早已用自己的行为证明了这一切，甚至到了最后，他依旧在战场上坚持战斗，流尽了自己最后一滴血。

丧子之痛

史书上，凡是对于关天培的记载或是评价，从来都是不惜任何的溢美之词的。

在那里面的关天培，是一个大忠大义之人，为了国家，甘愿抛头颅洒热血，抗击敌人，九死一生，扬我国威，立我国魂。

但是，鲜有人提及的是，关天培不仅仅是朝野之中的广东水师提督，也是一个为人子、为人夫、为人父的普通人。

常言道，天下兴亡，匹夫有责。更遑论是为人臣子的关天培。

当其位于提督这个位置时，就注定了，他与孩子们共享天伦之乐的愿望，必会让步于这个几经风雨的国家。

关天培膝下有二子，长子关奎龙，次子关从龙。

对于关天培的这两个孩子，史书上并没有过多的记载，所以，我们只能从前人留下的只字片语之中，慢慢拼凑出来，关天培与自己的儿子之间，琐碎却又感人至深的故事。

对于关天培的长子关奎龙，在丁晏《诰授振威将军广东全省水师提督关忠节公传》中可以略窥一二。

其中记载："长子关奎龙仕至吴淞参将，先卒。"

短短的一句话，交代了关奎龙的一生。

这句话中的"先卒"，也就意味着，关奎龙是先于父亲去世的。也就是说，关天培在经历国家内忧外患，忧心忡忡之时，命运再一次给予了他重大的打击，让其体验了白发人送黑发人这样撕心裂肺的痛苦。

在《关天培事迹汇考》中，较为详细地记载了有关关奎龙去世的具体信息。

关奎龙是在道光十九年（1839年）八月初八逝世的，去世时年仅37岁。

当时，关奎龙是江南苏松镇参将，正三品。

根据关家后人的介绍，关奎龙亦是一位出类拔萃的军人，颇有其父之风采，在关奎龙去世之前，兵部已经任命他为京口副将，从二品。但是，让人遗憾的是，这一纸任命文书还没有送到，关奎龙已经英年早逝了。

孩子的离世，对于做父母的来讲，仿佛是天塌下来一般的痛苦与无助。关天培是一位父亲，无论他有多么的英勇无惧，多么的坚毅铁血，他始终是一个在孩子面前充满柔情的父亲。

当这位老人，在获悉儿子离世的消息之时的心情，自然是可想而知的。

那种绝望，那种痛苦，那种锥心刺骨，难以用语言来形容。白发人送黑发人，万般愁绪萦绕在了关天培的心头，让其痛苦难当。

然而，这种事情，为什么鲜有史书提及呢？

原因很简单，关天培在接到噩耗之后，并没有对他人提及。做父亲的没有向他人知会只言片语，也难怪没有多少文章记载这位老人的苦痛了。

于情于理，作为父亲的关天培，在惊闻儿子离世的消息时，都应该向他人倾诉自己的苦闷，也应该回家，送儿子最后一程。

但是，关天培身上的压着担子，这个担子重千斤。

这个担子，就是关天培的使命感。

关奎龙离世，正是虎门销烟之后。

那时，英国的侵略者们正为中国人将他们的鸦片销毁而大为光火，誓要挽回他们丢失的颜面，更要夺取他们在华的利益，于是，他们频频挑衅中国，肆无忌惮，有恃无恐。面对这样的局面，关天培深知，与英国侵略者的斗争，任重而道远。虎门销烟并不是一个事件的终点，而是一场战争的序幕。丧心病狂的英国人，会让那烧毁鸦片的火焰燃尽了理智，烧尽了良心，他们的报复，当然是在关天培的意料之内的。

于是，这位年近花甲的老人，只能以天下为重。

他在任上兢兢业业，整顿军务，更新装备，训练海军，巩固海防，面对着敌人的进攻，他身先士卒，指挥作战，英勇抗敌。他没有让自己的部下看出自己一丝一毫的伤心，因为他深知，国难当头，将士们的士气必须提高，而不能让自己的私事，影响到这一场场的战斗。

关天培如此隐忍丧子之痛，对于他自己而言，是非常残忍的，爱子的离世对他的打击，无论如何用语言描述，或许都是不够的。但是，面临着国家的内忧外患，关天培只能舍小家为大家，精忠报国，去赴国难。长子的离世即便再痛苦，他依旧咬牙坚持，将自己的事情置之度外，全心全意，为清王朝战斗。

佞臣当道

林则徐、邓廷桢、关天培在抗击英国侵略中，有着共同的目标与愿望。他们同仇敌忾，誓与敌人斗争到底。在他们进行的禁烟运动中，他们各司其职，分工明确，相互合作，最终，使得虎门销烟成为现实，打击了外国侵略者的嚣张气焰。

他们之间，形成了非常良好的关系，成为名副其实的"铁三角"，而在那时，道光皇帝对这几位能臣的忠心青眼有加，对他们颇为赏识。

但是，朝野之上，从来都是暗潮涌动的。

不同的官员，站在不同的立场之上，对于很多事情的看法，当然是不同的，甚至是截然相反的。

仅仅在对鸦片的态度上，就有着相当多不同的观点。

琦善，就是其中之一。

琦善坚持反对重治鸦片的吸食者，在他看来，贩卖鸦片者论及罪行，要远甚于吸食者，那么，较其两者，究竟该如何量刑呢？此外，究竟要以何种方法，"重治吸食者"呢？

他认为，鸦片吸食"今则数十年之久，十八省之大，岂能令出惟行乎……若吸食鸦片不肯俯首受缚，势必聚众抗拒，此大可虑也。至于闽省海疆，其人习于械斗，善于打仗，吸食鸦片者尤多，倘或遁逃海岛，外夷资其衣食，借以探听虚实，荒陬僻壤，弁兵巡役不到，要结无赖，一登陆地，炮台反为虚设，此则更大可虑也"。

他坚持，吸食鸦片的人众多，其中有"忠良后裔、簪缨世胄"、有"幕友书役"、贤媛、孀妇以及"农工商贾，安分守己之人"，如果"一吸鸦片，即罹法网，将见缧绁之人载道，囹圄无隙地可容，贯索略重，不待部文复转，而瘐毙者已盈千累万矣。……若吸食者尽诛，即闽、广而论，吸烟者十居七八，十余万人恐不能尽也。……今一言之下，欲兴率土普天之大狱，此真断断乎其不可行者也……邻居吸食鸦片或是深夜，或是藏于卧室，出入无时，行诡秘，怎么能知道他是否买食？大张晓谕，不准通商，则鸦片无自而来……内地已入之烟土，并不必缉捕销毁，吸食者一面戒烟，一年半载，知烟不续来，贩卖者另寻别业，吸食者尽保残躯，如是则从容不迫，而天下皆安居乐业"。

仅仅从琦善对于鸦片治理的观点来看，就可以窥见他与林则徐、关天培等人在政治问题上，有着比较大的分歧。

自古以来，官员之中在观点、利益上有着不可逾越的鸿沟之时，往往会出现两种可能。

若是二人都是有识之士，知晓国家利益大于一切的话，两官之间握手言和，携手共同为国家呕心沥血，彼此视为知己，自是一段佳话。廉颇负荆请罪，最终与蔺相如惺惺相惜，就是一个很好的例子。

但是，在历史上，政见不一的官员们彼此互相倾轧，借机向当权者进谗言，意图借刀杀人，铲除心头大患的事件亦是屡见不鲜的。

可悲的是，琦善对于林则徐等人的态度，似乎更加倾向于后者。

岌岌可危的大清朝，不仅仅要面对着外国侵略者的挑衅与侵略，更加悲哀的是，那些为人臣的官员们，依旧毫不收敛的为自己谋取着仕途上的利益，为了铲除异己，罔顾国难当头，把精力放在了与政敌对峙上。

关天培为了防御那些气急败坏的英国人的进攻，加固了海防，勤于练兵，使得广东水师士气大振，其实力不容小觑。

捞不到好处的英国人，只能避开广东，转而北上，进行骚扰，试图通过这种方式，打开中国的大门。

英军的这一行为，震惊了朝廷。眼看着英军马上就到达家门口，清政府束手无策。此时整个朝野上下，惶惶不可终日。道光皇帝面对着英军的骚扰，忧心忡忡，担心有朝一日，这些放肆的军人会直接攻到紫禁城，而自己的皇位，包括身家性命，都难以保住。

就在这个时候，琦善抓住了机会，他向道光皇帝进谗言，陷害林则徐、邓廷桢、关天培等人于不义之地。

早被英军的种种行为吓破了胆的道光皇帝，马上听信了琦善的谗言。他一改之前对于林则徐、关天培等人的欣赏、温和的态度，认定他们的禁烟行为，就是导致英军北上的导火索，他们就是真正的罪魁祸首。要想使得英军停止骚扰，必须要将林则徐、邓廷桢革职查办，这样，才能使得局面得到控制，清王朝才会得以保存。

天真的道光皇帝的一道圣旨，就将林则徐、邓廷桢这两位忠心耿耿的朝中重臣革职查办，将他们赶下了政坛。

没有了林则徐、邓廷桢的支持与帮助，关天培几乎成了孤家寡人。

他的内心异常悲愤，他恨当今皇上的昏庸无道，他恨朝堂之上佞臣进献谗言，他恨自己处于孤立无援的局面，无法施展拳脚。

虎门销烟的余波未尽，"铁三角"就已经土崩瓦解。关天培只能凭借着一己之力，对着外国的侵略者进行抗争。但是，他深知，缺少了皇帝的支持，缺少了林则徐、邓廷桢等人的帮助，他就如同被人砍断了手脚一般，要想进一步发挥自己的作用，保家卫国，实在是难上加难。

琦善的行为令人极为不齿，他陷害忠良、贪生怕死，罔顾国难。但是，琦善也只是当时朝廷上上下下中的一个缩影罢了。面对着清王朝的摇摇欲坠，总有一些官员，依旧只关心自己能否从其中得利，而不考虑国家的命运与未来。

胸怀天下的关天培，面对着这样的局面，既痛苦、无奈、愤懑，可又无可奈何。但是，有着一腔报国热情的他，依旧坚守着自己的位置，尽管当今的皇帝、昏庸的清政府给了他极大的打击与无尽的失望，但是，拳拳报国之情依然促使着他，将自己的使命，守护到底，倾其一生，在所不惜。

海防告急

自虎门销烟之后，关天培、林则徐等人深知英军一定会进行各种的打击报复，因此，他们加紧了海防的建设，不断地训练军队，并且在原有炮台的基础之上，增加了更多的炮台，从而提高火力以及威力，为的就是阻挡英军的进攻。

不出他们所料，英军果然为了维护他们在华的利益，出兵中国，但是，因为广东的海防比较的牢固，所以英军深知难以攻下，因此，他们并没有取道广东，而是北上，进行对于中国的骚扰。

而他们的北上路线，并没有遭遇到太多的阻拦。

英军势如破竹的进攻使得腐朽的清政府彻底乱了手脚，道光皇帝更是不知该如何是好。英军北犯京城门户天津的这一行为，使得朝野上下格外胆寒。

平日里荒于备战的琦善等人，面对着英军的进攻，几乎是束手无策。但是，他却没有赶紧想出防御的办法，反而把责任推到了林则徐、关天培等人的身上。

琦善面对着穷凶极恶的英军时，对其一再地让步与妥协。

英国人表示，英国之所以出兵中国，究其原因，主要是因为中国的官员扰害那些住在中国的英国公民，除此之外，还亵渎了大英帝国的威仪。万般无奈之下的英国人，才派兵进入中国的。

因为英国人在中国受到了如此"不公平"的待遇，再加上他们不远万里前来中国进行远征，因此，清政府必须对他们如此兴师动众的行为进行"赔偿"。

英国人提出的赔偿问题，主要集中在：英国人在中国的鸦片损失要按价赔偿；中国与英国的官员必须公平平等、中国必须割让岛屿给英国；索还商欠；赔偿军费。

他们同时还威胁说，如果清政府不答应他们的请求，他们就会直接诉诸武力，用武力来"解决"这些"问题"。

而琦善也派人去偷偷观察了英国人的船舰，回来之后，添油加醋地向道光皇帝进行了上奏。

道光皇帝闻听英国人在中国"受尽了屈辱"，于是，懦弱的他并没有进行冷静的判断，就直接认为这都是因为林则徐、关天培等人在禁烟问题上行为不当引起的。此外，他又得知英国人在整个的军事装备上要优于中国，更是慌乱不知所措。于是，他最后下令，重治林则徐等人，以此来还英国人一个

"公道"。

除了将林则徐等人革职之外，道光皇帝还做了一个极其错误的决定：要求撤除海防。

撤除海防这一命令的下达，意味着之前能臣们所做的努力功亏一篑。

道光皇帝之所以会下达这个命令，与琦善有着密不可分的关系。

当这位皇帝了解到英国人的种种要求之时，非常无奈，也非常愤怒。作为清王朝的天子，本该高高在上，受着臣民们高呼万岁的景仰，但是，这位皇帝过得非常憋屈。面对着英国人的挑衅，即便生气却也无可奈何。因为道光皇帝从琦善那里得知，两国之间，在军事力量上的差距相当巨大。于是，为了避免正面的冲突，他将林则徐等人推了出去，希望以此来浇灭英军的怒火。

天真的道光皇帝真的以为，自己的这一举动奏效了。

当琦善与英国人谈判的时候，本应该站在双方彼此之间平等的位置上进行谈判，可是，不知是因为忌惮英国人的武力，又或是希望一劳永逸，琦善却显得分外的卑躬屈膝。在这场谈判中，他处处退让，如此的表现，让英国人对于中国嗤之以鼻。

最终，英国人按照他们自己原来的计划，进行了撤军。

而琦善却把他们的这一行为，揽作了自己的功劳，让道光皇帝相信，这是他们谈判胜利的结果。

于是，兴高采烈的道光皇帝为了显示诚意，也为了让英国人能够尽快地撤出中国，再加之希望可以节省军费，于是下令，撤除海防。

这一命令的下达，使得之前林则徐、关天培等人的心血付之东流，门户大开的中国，没有了坚固的防御体系，给了英国人绝好的可乘之机。他们借着这个极好的机会出兵，进攻中国，没有了海防的中国，只能任人宰割。关天培只能凭借着一己之力苦苦抵抗，但是，没有了防御体系的保护，彼时的中国，怎能够抵抗外国侵略者的炮火呢？

第五章　碧血虎门

木匣归家

自虎门销烟之后，英军甚至可以用愈挫愈勇来形容。向来目中无人的他们，难以容忍被清王朝如此的羞辱，因此，他们想尽了一切办法，对于中国进行挑衅与侵犯，不断地对清政府施加压力，进行威胁。

关天培深知，作为广东的守卫者，必须要严格进行着各种防御准备工作，决不能给敌人任何的可乘之机。于是，当英军的主力北上之时，关天培认为这是一个比较好的机会，让他可以有比较充足的时间，去进行各种的准备工作，从而可以抵御随后英军的进攻。

于是，关天培兢兢业业，进行着各种准备的工作，只盼望着当面对英军再一次的炮火攻击时，可以使得历史再一次重演，让他与他辛苦培育、训练的将士们一起，将敌人赶出中国的领土。

但是，因为英国人的花言巧语，再加之摇摆不定的懦弱皇帝听信了琦善等佞臣的谗言，关天培、林则徐、邓廷桢之间的"铁三角"轰然崩塌。没有了这两位知己的鼎力支持与全力信任，腹背受敌的关天培，面临的是一个孤立无援的绝望局面。

清王朝一步一步地让步与退却，非但没有换来一时的和平与安定，反而增添了外国侵略者的嚣张气焰，他们仿佛逗弄着中国一般，一次又一次地进行挑衅。

于是，一场又一场战争，就这么残忍的爆发了。

关天培奋起反抗，苦苦战斗着。

当英国军队势如破竹一般，对中国进行肆无忌惮的侵略之时，琦善等人却一直妄图进行议和。

英军在攻占大角、沙角炮台的时候，关天培没有听从琦善的命令，而是做好了防御英国人进攻虎门的准备，另一方面，他坚持向琦善求援，希望他可以增派援兵。

显然，琦善不可能答应关天培的请求，甚至他还强烈谴责关天培，要求他管好自己的部下，琦善认为正是因为关天培对于自己的士兵没有进行约束，最终导致了英军的大肆入侵。

最终的结果可想而知，孤立无援的关天培，在这场战役中被打败了。

战败的消息传到了道光皇帝那里，这位皇帝非常生气，下旨除掉了关天培的顶戴，责令他"戴罪立功"。

关天培意识到，进行最后一搏的时间到了。

1841年春的一天，江苏山阳有位老妪收到了一只坚固密封的木匣和一封信。

这位老妪，就是关天培的母亲。

而这个小小的木匣，则包含了关天培全部的绝望与痛苦。

作为一个有着赫赫威名的民族英雄，身为人臣的关天培，其忠心自不必说；除此之外，他还是一位孝子，对于自己的母亲，他是极为尊重的。

河广难航莫我过，未知安否近如何。暗中时滴思亲泪，只恐思儿泪更多！

这应该就是这对母子最真实的写照。

心怀天下的关天培，在仕途上沉沉浮浮，能够回家探望母亲，承欢膝下的机会少之又少。而关母也是一位极为通情达理的女人，在内心里，她无时无刻不想念着自己的儿子，但是，当国事与家事放置在一起的时候，她深知，国家的利益是高于一切的。

忠义两全的关天培，谨遵着母亲在其儿时的谆谆教导，时时刻刻把国家放在心上，但是，他也时时刻刻牵挂着母亲。

当林则徐在广东禁烟的时候，正好关天培母亲八十大寿，

海战博物馆展出的关天培的"延龄瑞菊图自述"

作为孝子的关天培，当然不会忘记如此重要的日子。于是，他请人为母亲绘制了《延龄瑞菊图》，并且亲自在上面题写了《延龄瑞菊图自述》：

道光甲午秋九月，培奉天子命，驰驿来粤，提督海上诸军。当斯时也，培迎养老母吴太夫人在苏松镇署。获闻恩旨，即谕培曰：尔年力强壮，正当图报圣恩之时，将来建功立业，遂汝素志，即此足以显亲。闻得岭南瘴疫途遥，往来不能自便。我年近八旬，不堪跋涉，着长孙奎龙送我回淮。汝携眷速赴新任，移忠作孝，不必分心以母为念。云云。培再四苦求，奈慈心已定，难以挽回，不得已令长子奎龙、次子从龙偕妻女辈伺母回乡，尽心代培奉养。十月朔，舟次姑苏，培忍泪叩辞，只身赴粤。莅位后，虽禀叩长通，究不获晨昏定省。惟公务无分巨细，事事尽心，以遵慈训，报慰母怀耳。戊戌八月二十六日，值老母八十正庆，培亟思告养。适洋面遇事多艰，思亲念切，陟屺徒劳。孰料精诚所至，感及花神。是秋，署中所植菊花百余株忽现奇葩：有并蒂双花者，有一蒂三花形如"品"字者，有重楼花分三层者，有一茎双头花开四朵者，更有黄菊一枝顶开大菊一朵，又于花瓣中另生六茎，长者二寸，短者寸余，茎端各开小花一朵，共成"七子"之形。当盛开之际，不独水师寅僚同相玩赏，适刘菊人司马、侯兰台明府因公至署，咸称曰："菊号延龄，此必太夫人花甲重周之预兆，请图之，以记寿征。"培细味二君言，诚雅论也，弟培本系武夫，何可忽言文事，贻笑方家。或曰：此为记寿母之休征，非专攻文艺，请绘图记，慎勿多疑。培曰："诺。"即绘图，详书颠末，以志不文。

而关天培又在第二年的时候，邀请了林则徐、邓廷桢在图卷中题诗。

林则徐写道：

滋圃二兄大人莅粤五年，筹海宣劳，不遑将母。值太夫人设悦称觞，写此图以寄望云之思，敬题一诗为寿，即奉教正。

一品斑衣捧寿卮，九旬慈母六旬儿。

功高靖海长城倚，心切循陔老圃知。

浥露英含堂北树，傲霜花艳岭南枝。

起居八座君恩问，旌节江东指日移。

道光己亥仲秋下澣愚弟林则徐拜稿

事实上，这首诗意味深长。

对于淮安有着比较深刻研究的郭寿龄曾经指出，这首诗的首联说，穿上五彩斑斓的戏装，捧起酒杯，六旬的儿子为八旬的老母亲祝寿。句中用"一品斑衣""九旬慈母"别有含意："一品"既可以解释为"上品""第一等"，又可以理解为官阶。关天培时官居"二品"，隐含祝关官阶升迁，而关母时年八十有一，不写"八旬"而写"九旬"，则有祝关天培老夫人健康长寿之意。颔联中的"循陔"一词典出《诗经·小雅·南陔》："循彼南陔，言采其兰。眷恋庭闱，心不遑安。"后以奉养父母为"循陔"，"老圃"即指关天培。此联说，你在南海劳苦功高，是国家海防的柱石，你急切地想回乡侍奉慈亲，这一点你我心里都知晓。颈联主要描绘了傲霜的秋菊美色花艳岭南，遥祝关母八十寿诞。末联诗人笔锋一转点题：皇上对大臣的起居升迁是关心的，诗中透露了一个信息，我办完"禁烟钦差"，将出任两江总督，到那时，我们"旌节东移"，一起回江苏，完成你忠孝两全的心愿。

邓廷桢的题诗为：

乐奏笙阶进玉卮，綵衣真喜有佳儿。

奇花定为修龄发，妙绘封题寿母知。

满眼秋香环子舍，介眉春酒托孙枝。

南交正倚长城重，未许东篱带露移。

愚弟邓廷桢拜稿

郭寿龄认为，此诗末联点出邓廷桢题诗的用意。"南交"，古地区名，泛指五岭以南，这里借指南海。意思说，南疆前线形势严峻，正倚仗关天培，担心关随林调走，所以"未许东篱带露移"。两位封疆大吏借诗言志，互相争夺，都表现了对关天培的器重和倚赖，宦海吟坛，一时传为佳话。

而到了晚清，后人亦有题诗。顾云臣写道：

淮海英灵毓奇杰，正气凛凛秋霜烈。

谁育金刚不坏身，由来仙母根蟠结。

将军黄钺耀蛮荒，阿母思乡返北堂。

老圃有心依杖履，君恩母命几回肠。

妻帑且遣侍还家，节署凄凉数岁华。

孝朴冷落儿心苦，慈竹不安旅梦赊。

忽传寿客来相慰，重花密叶珠凡卉。

道是高堂赐美徵，秋容变作春风贵。

人知异瑞表延龄，天意还彰晚节馨。

母年八秩无颗白，儿寿千秋有汗青。

一朝大树绝孤根，报国思亲声暗吞。

麾幢巳返众香国，俎豆常馨通德门。

我恨不见乡邦哲，手泽精灵本未灭。

认取图中丹碧痕，模糊尽是沙场血。

敬题关忠节公延龄瑞菊图

光绪辛巳重九前三日乡后进顾云臣拜草

吴棠写道：

璀璨奇花寿北堂，千春瑞结九秋芳。

地疑瑶岛慈云护，天为金萱爱日长。

一自大星沉粤海，常留庙貌肃清霜。

传家忠孝君恩重，欲酌寒泉荐晚香。

奉题关忠节公延龄瑞菊图

盱眙吴棠初稿

从这些题诗中就可以看出来，关天培与母亲之间有着浓浓的母子深情，他们是全天下极为普通的一对母子，但是，因为国事、天下事，却又让他们之间，如此地与众不同。

据《清史稿》卷三百七十二《关天培传》，关天培死后，"母吴年逾八十，命地方官存问，给银米以养余年"。同时诗人朱琦作《关将军挽歌》，诗中说："将军徒手犹搏战，自言力竭孤国恩。可怜裹尸无马革，巨炮一震成烟尘。臣有老母年九十，眼下一孙未成立，诏书哀痛为雨泣。"

由此可见，这对母子的命运，是如此的跌宕起伏，震撼人心。

那么，当时关天培寄回家的木匣，究竟装着什么呢？

其实，在临战前，要做最后一搏的关天培，脱下了自己身上的官服，并且把自己一直保留着的坠齿，一起放在了木匣之中。同时，木匣里面还装着自己剪下来的几缕头发。同时被送回去的，还有一封家书。

在将这个木匣送回家的时候，关天培早就做好了为国捐躯的准备了，他誓与国家共存亡，因此，他是怀着一种慷慨赴死的心情，准备的这个木匣。

母子连心的关母，收到木匣那一刻的心情，自不必说。

这位老人深知，儿子将这个木匣送回家，有着怎样的含义。他是在告诉母亲，自己绝不会辜负父母对自己的谆谆教导，绝不有负于皇恩，誓死要做一个顶天立地的男人。但是，身体发肤受之父母，自己将头发、牙齿装入木匣之中，也是为了告诉母亲，自古忠孝难以两全，但是自己，在竭尽全力地做一个孝顺的儿子，叶落终要归根，自己要用这种方式，尽一个做儿子的孝道。

《孝经·开宗明义章》曰："身体发肤，受之父母，不敢毁伤，孝之始也。立身行道，扬名于后世，以显父母，孝之终也。夫孝，始于事亲，中于事君，终于立身。"关天培此举，是在以一个普通儿子的身份，履行着自己的责任与义务。

木匣归家，关天培用如此悲壮的方式，书写了一个民族英雄的高尚情怀，让人感动又唏嘘，世事虽无常，但是，关天培对于民族、对于家庭那种尽忠尽孝，却自始至终坚若磐石。

血战虎门

佞臣当道，皇帝懦弱的清王朝，一步一步将关天培、林则徐等能人志士殚精竭虑建造起来的固若金汤的海防瓦解掉了，关天培等人多年来的心血付之一炬。道光皇帝与琦善等人心存着侥幸的心理，希望通过这样的自我毁灭，可以求得一时的安宁，可以让英国人不再——或者说最起码在表面上没有理由——对中国进行侵略。

但事实上，外国侵略者对于中国早已是垂涎许久，他们要的是中国的市场与中国的白银，但是，侵略者深知，发动战争总是讲究"师出有名"的。于是，他们以虎门销烟这一举动借题发挥了起来，脸不红心不跳地把自己形容成了受害者。

那么，道光皇帝与琦善，是否真的没有看透侵略者的狼子野心呢？事实上，他们未必没意识到，是外国人在颠倒黑白。但是，他们畏惧外国人日益强大的军事力量，畏惧外国人嚣张的气焰，畏惧外国人势如破竹的进攻局面。于是，他们退缩了。他们对于外国侵略者一再的容忍，希望他们可以放弃对于中国的进攻。

可这无异于与虎谋皮。

英国人对于中国的热切与觊觎，是绝对不可能消退的，他们在没有获得自己渴望的利益之前，是不可能放弃中国的。即便清政府暂时按照他们给予的理由进行了让步，他们还会有大把的理由，来为自己发动那些邪恶的战争辩护。于是，英国人依旧揪着"虎门销烟"这一事件不放，不依不饶地对中国进行侵略。就这样，步步退让的清政府面对着步步紧逼的侵略者，一次又一次的卑躬屈膝还是没有换来他们奢望的和平共处，侵略者张牙舞爪地向中国扑来，企图咬断清王朝的咽喉，将中国据为己有。

英国人对于中国市场的狂热，注定了他们会一步一步地施行详尽的计划，然后一寸一寸侵略着华夏大地。因此，英国侵华远征军由舰队司令伯麦率领，以船舰三十艘，载陆军四千人，在新加坡集结后，向中国南海进发，于1840年6月下旬陆续抵达广东海面，与先期到达的船舰会合。侵略军宣布从6月28日起，封锁珠江口。

英军除了将部分船舰留下封锁珠江口之外，其余的船舰相继北上，试图对清政府施加压力。之后的发展，统统在他们的意料之中，昏聩无道的道光皇帝果然听信了佞臣的谗言，与林则徐、关天培之间产生了嫌隙，于是，因为恐惧英军的进攻，道光皇帝急急忙忙地下令，将林则徐、邓廷桢革职查办，但是，这丝毫没有阻碍到英国侵略者进攻的步伐。

与懦弱的道光皇帝形成鲜明对比的，是关天培的沉重冷静。

关天培面对着英国人对于虎门海口的封锁，并没有自乱阵脚，这位老将深知，尽管形势有着突如其来的变化，但是，他必须要镇定下来，做好万全的准备，从而迎接敌人的挑衅。

关天培得知英军的主力北上之后，认为现在就是进行备战的最好时机，因为封锁虎门海口的船舰，只是英军军事力量的一部分，这个时候的英国船舰无论在数量上还是在力量上，都处于比较薄弱的阶段。

于是，关天培加紧对整个军队以及周围的环境进行了部署安排。

首先，关天培在林则徐等人的支持之下，想方设法增强着虎门炮台的威力。因为关天培深知，只有在武器装备上可以不断地提高，那么整个广东水师在作战的实力上才能不逊于对手。因此，他从澳门等地购买了西式的大炮，使得虎门炮台的火炮达到了306门。再加上师船上的火炮的总数差不多有120门，因此，虎门炮台的整体水平、火炮的数量在中国沿海的各防区里，位列第一。

第二，关天培严厉地整顿了军纪。关天培认为，英军将珠江口封锁住，并且相继进行北上，就是一个极为让人担忧的信号，面对着随时都会爆发的战争，整个广东水师，必须做好万全的准备，时时刻刻进入备战状态。因此，他对于纪律的要求非常严格，并且要求训练必须加紧。他对于那些犯了比较严重的错误的人，不论是官员还是普通士兵，不讲情面地对其进行严惩，绝不手下留情。他绝不纵容那些玩忽职守的官兵们，认为大战当前，提振士气是重中之重，因此，那些败坏军队风气的官兵们，必须要受到严厉的惩罚。例如那些在工作岗位上没有认真履行职责的官员，关天培会请求将他们降职，不仅仅是为了对他们本身进行惩罚，也是为了以儆效尤，让其他的官兵们意识到这种事情的严重性。作为一名水师提督，关天培深谙用兵、用人之道，因此，他能清楚地分辨出何时要对于官兵犯的错误进行严惩，而何时应该给予他们改过自新的机会。当官兵们犯下的错误较轻的时候，关天培就会对他们网开一面，这并不意味着关天培对他们纵容，而是他知道，只有让他们意识到自己的错误，并且可以戴罪立功，这才可以使得这些官兵们真正能够改正自己的错误。

第三，关天培竭尽全力提振士气，让广东水师的将士们面对着敌人可以奋起反抗，绝不退缩。关天培向将士们强调，不论敌人的武器有多么的先进，他们的人数有多么的众多，将士们都无需惧怕。哪怕夷船再长，大炮再多，"尔等不必看得他长，尔等不必畏他炮多而大"。这些话，其实不单单是关天培为了提振士气而说的，更是他的肺腑之言。在关天培的心目中，不论对方有多么的强大、先进、无坚不摧，在他的心目中，都是不足为惧的。英军侵占着中国的国土，欺压着中国的人民，其罪行令人发指，罪无可赦，作为一个有着良知与热血的中国军人，唯有与敌人抗争到底，才是正确的选择。

道光二十年（1840年）七月二十二日，发生了中英关闸之战，这一场战争，可以看作是鸦片战争时期，英军肆意侵犯广东沿海的序幕。

《中国丛报》曾详细地报道了中英关闸之战的全部过程："大约在19日星期三中午，当它们与前些时候停泊在澳门街的

'都鲁壹'号和一艘运输船一起从停泊的地方向北移动时，英国皇家船只'拉尼'号和'海阿新'号在'企业'号蒸汽船和快艇'路易莎'号陪同下，引起了注意。史密斯上校将他的船只很精确地驶到关闸，很近地瞄准它和新庙，距离莲花颈可能有600码，开始行动。中国人迅速地从关闸北面岸边的一座有17门大炮的炮台开炮还击。同时，可以见到中国士兵从新庙与运输船上过去集合，并尝试着在关闸与新庙之间莲花颈脊后分小组隐藏他们自己和他们的回旋枪和火绳枪。在望厦的部队行动起来，将他们的武器集中，迅速环绕山头来支援在新庙的同伴。此时，过于密集的炮火，越过了莲花颈脊，明显地使得在水师船上的人非常不顺利。在泥泞中如此安全地挣扎，以至于它们不能移动，又不能使他们的大炮有任何优势地工作。持续的炮轰维持了一个小时，当武装船只抵达岸边时，在关闸的大炮安静了。""一门大炮被运上了岸，往北去距离不远，开始扫清关闸的另一面；当所有活着的人逃离了炮台、军营和附近的战场后，登陆的海军陆战队、孟加拉志愿者和那门登陆的英军大炮停了火。当进攻部队到达位置后，堵塞了大炮的火门，推平了关闸的城墙。有几颗炮弹朝他们射了过来，一些来自水师船，一些来自被中国人推上岸和预先安置在新庙附近的小型大炮。少量大炮的齐射和胡乱射击来自前山寨旁的山头之一。后者由于距离远，没有造成伤害。由于遭到排枪的射击和有意被带到关闸这一边的大炮的轰击，两个不同方向的炮击停止了。

目的达到后，他们立即撤到了边境的北面，又过了一阵，当船上射出的炮弹……飞过新庙，并密集地射到运兵船和水师船时，所有的兵营都起火了。此时是5时，聚集在每一处高地和屋顶上的急切的旁观者惊慌四散。"

这一次的战争，直接导致了非常严重的后果，那就是清政府丧失了对于关闸乃至整个澳门半岛的管辖权。而对于英国人来说，澳门这片土地是他们失而复得的战利品，因为在之前，澳门是他们重要的鸦片贸易基地，但由于当时他们被关天培等人驱逐，因此只能暂时离开，放弃了这片土地。而在关闸之战之后，他们再一次拥有了澳门。澳门，成为他们进一步侵华的重要后勤基地，甚至是医疗救治的基地。英军在这场战争中的胜利，使得他们备受鼓舞，摩拳擦掌地进行着下一步的计划。

关闸之战的失败，为广东水师的士气蒙上了阴影，这支水师，在之前几次与英军的交锋之中，都是攻无不克，战无不胜的，但是，这一次的失利让关天培和林则徐意识到，必须要马上提振士气，否则的话，会在接下来的战争中，面临着巨大的心理压力与挑战。于是，他们主动出击寻找敌人，准备通过先发制人的手段，将敌人一举歼灭，从而重振士气，鼓舞将士们。当关天培等人发现，英国的舰队常常聚集在磨刀洋的时候，他们意识到，这是个绝妙的机会，为兄弟们进行打气。林则徐与关天培共同商定了合歼英舰的战术，而林则徐更是亲赴沙角口进行战前的动员，他强调，我们与英国的战争，是因为英国人的挑衅才爆发的，因此，中国军队这一方，是正义的，此外，在家门口作战的中国军队，占尽了天时地利人和，因此，无需有任何惧怕或是后顾之忧。而反观英国人，他们的立场是邪恶的，非正义的，他们漂洋过海来到中国，本来就已经是无比劳顿了，因此，他们怎能发挥出自己的水平，不论他们的大炮还是长枪，都怎能奈何得了我们无所畏惧的中国军人？因此，面对着穷凶极恶的敌人，只有奋起反抗，才是硬道理。有了林则徐的一番话，本来垂头丧气的将士们一扫之前的颓废，跃跃欲试摩拳擦掌，希望可以迎面痛击敌人，一雪前日之耻。

而这个机会，马上就到来了。

就在关闸之战爆发之后不久，广州水师发现，英军的一只火轮船驶入了龙鼓海面。关天培接到报告之后，非常愤怒，认为这是英军再一次的挑衅行为，其无法无天，将中国的各种律例视若空文。关天培马上下令，派出官兵进行跟踪，并且进行开炮射击。而后，英军的火轮船被炮火击中了后腰部，万般无奈之下，只能仓皇逃窜。

而后不久，关天培再一次接到了报告，在龙穴西南海面又发现了英舰一艘，在其东面还有英舰4艘，舢板船5只。关天培当机立断，要求水师将士们直奔龙穴，对在那里的英军进行进攻，防止他们深入到内部。于是，关天培在矶石洋面上追上了英舰，双方展开了激烈的战斗，彼此之间互相牵制，场面非常震撼，最后，英军不敌关天培的猛烈进攻，最终落败。

不论是关闸之战还是矶石之战，都体现了目前英军与中国军队之间剑拔弩张的紧张局面，英军不停歇地挑起了一次又一次的战斗，可见他们对中国有着极为强大的占有欲望。面对着如此强劲的敌人，中国的军队在对抗中，越来越吃力。

一次又一次的冲突频发，这意味着，中英之间的大战一触即发。天，要变了。

矶石之战的胜利，带来的后果，其实还要远远大于这场战争本身的胜利。本来，这场战争的胜利是酣畅淋漓的，它可以一扫之前的颓败之气，给予守卫海防的将士们充足的信心，即便面对的敌人如狼似虎，但是，只要有着必胜的决心与信念，胜利之神依旧会眷顾着中国的军队的。但是，这场胜利带来的，却不仅仅是敌军的落荒而逃。

古往今来，不论朝代如何更迭，总是有着无数的勇士们为了国家身先士卒，鞠躬尽瘁。他们有着磅礴的气势，有着卓越的眼光，他们忠于君，忠于国，舍生忘死，铁骨铮铮。他们的豪情与壮志，感染着后世。

他们身处逆境之中，依旧是"僵卧孤村不自哀，尚思为国戍轮台"。他们志存高远，有着"金戈铁马，气吞万里如虎"的雄心壮志。他们即便受冤被贬，依然敢于发出"欲为圣明除弊事，肯将衰朽惜残年"的呼声。这些字字句句，流传于千古之中，像警钟一般，敲醒了无数文人志士。

历来的朝代覆灭，总是因为皇帝的昏庸无能，臣子的以权谋私。商纣王暴虐嗜血，建鹿台，造酒池，悬肉为林，故商朝灭亡。隋炀帝统治期间，劳役不息，导致隋末天下大乱，群雄并起，故隋朝灭亡。

没有励精图治的皇帝，没有先天下之忧而忧、后天下之乐而乐的官员，不论老祖宗留下的山河有多么宽广，留下的基业有多么富足，最终走向灭亡，也都是不足为奇的结局。

道光年间的清王朝，早已经将康乾盛世开辟的辉煌挥霍一空。老祖宗们从马背上打下的江山，早已渐渐成为空架子，而他们留下的傲骨与豪气，也渐渐被磨灭了。道光皇帝虽然不能被称为一个完完全全的昏君，因为他依旧有着抱负与理想，但是，相较于他的祖辈们而言，他太过于懦弱以及妥协了。而这时的清朝的官员们，终日里醉生梦死，陶醉在鸦片带来的幻境之中，陶醉在歌女婉转的歌喉之中，他们忘却了前方将士们的抛头颅洒热血，他们忘却了敌人的虎视眈眈，他们听不见看不到，宁可将自己溺死在虚无缥缈之中，也绝不抬眼看看外面的山河飘摇。

直到侵略者们打到了家门口，他们才蓦地醒了过来。面对着敌人的长枪大炮，那些长期疏于操练的官员与士兵们怎会有还手之力？于是，战战兢兢的他们相互推诿，谁都不愿意为此事负责。最终，林则徐竟然被推了出来。以琦善为首的大臣们，竟然向皇帝颠倒黑白，指责就是因为林则徐在禁烟过程中犯下了各种的错误，才最终导致英国人对中国进行猛烈的进攻。而面对着敌人的坚船利炮早已经吓破了胆的道光皇帝，竟然听信了这些谗言，对林则徐失去了过去的信任。

林则徐被罢免，成为牺牲品。

林则徐离开了，道光皇帝立马派出琦善，让他担任两广总督，并且由他去广州，与英国人进行和谈，希望能够为清王朝留下一条后路。

琦善与英国人的和谈，注定是不平等的。

义律得知自己的劲敌林则徐已经被罢免，心中自然是暗暗得意的，没有了林则徐在中间的阻碍，义律终于可以随心所欲地与中国人进行谈判了。于是，义律在和谈的过程中非常的狂妄自大，并且颐指气使，而琦善虽然是朝中重臣，但是，面对着义律的嚣张气焰，也只能唯唯诺诺，一步一步进行妥协。义律提出，要求清政府对于英国在华损失的利益进行赔偿，并且要对英国开放贸易口岸，除此之外，还要"暂时"把香港岛作为在华英人的立足点。面对着英国人这些并不合理的要求，琦善也只能小心翼翼的与他们进行讨价还价，但是，作为一场本身就没有什么公平公正可言的和谈，琦善怎么能够劝说义律他们放弃眼前唾手可得的利益？在义律的咄咄逼人之下，琦善一再的妥协，最终，答应了义律开出的条件，但是，不知道这位为官多年的重臣是否考虑过，若这些条件统统被应允下来，清王朝将会付出相当大的代价，而这些代价，甚至需要后世不断地进行偿还，这会为中国带来绵延不绝的巨大灾难。

当这些条件送到了道光皇帝的手中之时，这位皇帝大怒。他觉得这些英国人实在是欺人太甚，这时的道光皇帝，或许是因为没有了英军北上的威胁，他变得稍许冷静了一些，再加之多年来受到的都是朝堂上下的三跪九叩，他难以忍受这样的侮辱，因此，他一口否定了英人们的这些无理要求。

皇帝的态度让琦善陷入了左右为难的境地，于是，他只能好言安慰着气急败坏的义律，表示已经将他的请求呈给了皇上，让其少安勿躁。琦善希望可以通过拖延时间，寻找到另外的解决办法。

然而义律是何等的聪明与狡诈，他早就做好了两手准备，他悄悄部署，准备进攻沙角、大角炮台。

琦善在接替林则徐出任两广总督的时候，在关天培等人的面前，就换了另一幅嘴脸。他不再是那个唯唯诺诺的小人物，而是一个高高在上的重要官员。

琦善上任初期，就一直坚持避免与英国的军队起任何冲突，他甚至否定着广东水师的正当防卫，长他人志气，灭自己威风。此外，他还到处散步"抵抗无用"的观念，不断打击将士们的积极性，使得广东水师的士气一落千丈。

于是，在琦善的消极的带兵策略之下，曾经关天培辛辛苦苦建立起来的广东水师，陷入了一种低迷的状态之中。除此之外，自撤海防等行为，也注定了清王朝的海防在进行着自杀，没有了海防的保护，清王朝就像一只肚皮朝上的家猫，敌人的利刃就悬于它的心脏之上，随时随地就可以取它的性命。

于是，在意料之中又在意料之外，英军发觉进攻的机会已经到来，于是他们毫不犹豫地伸出了他们的利齿与利爪，张开血盆大口，向中国袭来。

1841年1月7日，英军袭击了虎门的第一重门户——沙角、大角炮台。

那么，为什么外国侵略者对虎门如此的虎视眈眈？为何他们一次又一次的徘徊在虎门周围，不断进行挑衅？

因为虎门对于外国侵略者而言，有着极为重要的作用。虎门是广州的门户，而广州是当时清政府指定的，唯一的对外贸易口岸，因此，在外国侵略者的眼中，虎门之于他们，是一块必不可少的美味肥肉。而且一旦虎门失守，广州就成为唾手可得的地区，而中国人若想收回，就会非常之困难。此外，珠江入海水道很多，但是，除了虎门之外，其他的水道都是水浅滩多，这也就使得侵略者难以选择其他的途径，只能通过虎门进行进攻，否则的话，会难以形成有效进攻。

在义律与琦善的谈判之后，英国人决定进攻。于是，义律和伯麦分别照会了琦善与关天培，并且在虎门之外的英国船舰也挂起了红旗，准备开战了。

1月7日上午8时，英军陆军上校伯拉特担任了此次进攻的总指挥，兵分两路，进攻沙角、大角炮台。英军乘坐着"复仇神"号等4艘轮船以及一些小船，在穿鼻洋进行了登陆。与此同时，另外几艘船舰行进到了沙角炮台的正面，进行攻击。

攻击大角炮台的英国船舰，不断地与大角炮台的火炮进行对攻，然而，大角炮台逐渐处于下风，甚至被英国的船舰的火炮打中了前后的灰沙炮墙，这些灰沙炮墙被炸成了数段，无法再发挥作用。此外，在大角炮台上的火药局也在战斗中被击中，一瞬间就被焚毁。屋漏偏逢连夜雨的大角炮台，难以抵抗敌人们疯狂的进攻，炮台被毁，火药被烧，火力也是要逊于对手的。当英军发现大角炮台上的官兵们难以抵抗之时，他们趁机进行登陆，从墙缺处打进了炮台。

当时，大角炮台的守门千总黎志安意识到大势已去，于是咬牙下令撤出炮台，但是，他意识到，若是想要撤出炮台，必须要将这些依旧能用的火炮销毁，否则一旦落入敌手，后果不堪设想。于是，这些官兵们冒着生命危险，将那些好炮推入了海中。

英军的进攻，使得沙角、大角炮台和虎门各炮台之间，失去了联系。

在英军进攻大角炮台的同时，另一路的船舰对沙角炮台同样展开了正面的进攻。清军尽全力进行反击，但是，还是被占据有利地形的英军接连攻击，清军处于比较被动的局面。英军部队占据了能攻击沙角山上炮台而又可躲避该台炮火的有利位置，向沙角山上炮台实施炮击。面对着英军如此迅猛的攻击势头，炮台的守军已经无力抵抗他们的炮火了，很多年轻的士兵在这场斗争中献出了生命。守台副将陈连升，面对着孤立无援的局面，依旧镇定非常，他将生死置之度外，做好了为国捐躯的准备，他命令守台的将士们进行狙击，引爆地雷，并且用他们的血肉之躯抵抗着敌人一次又一次的进攻。经过了一天的血战，守台的将士们终因寡不敌众，腹背受敌而战败，而陈连升本人也因中弹，不幸身亡。

此战，清军战死277人，另伤重而死5人，受伤462人，共计744人；英军的伤亡统计是登陆部队受伤30人，船舰人员受伤8人，无死亡。

这一次的战争，英军大获全胜，清军损失惨重。英国人发动的这场战争，可谓是真真切切地彰显了他们的战斗实力，体现出了中国与英国之间在军事实力上的悬殊。英国人用他们先进的战斗武器，打得中国连连退败。就这样，在这场战争中尝尽了甜头的英国军队，绝不会善罢甘休，而是会进一步的向清王朝发起进攻。

在这场战争中，不可否认的是，两国之间的实力有着较大的差距。一方面，清王朝本身技术的缺陷，阻碍了这些炮台上火炮的安置，清王朝炮台上的火炮，是要落后于外国侵略者的。而且中国的大炮，本身存在着不少的缺陷。但另一方面，因为林则徐、邓廷桢等忠臣被贬，关天培自己一个人早已经丧失了可以继续革新广东水师军事能力的机会，他一个人无力回天，更何况琦善处处与其作对，坚持着多一事不如少一事这样消极的观点，阻碍了关天培对于广东水师的培养，此外，关天培辛辛苦苦建立起来的海防，也被一步一步撤除，没有了坚固的防御工事，怎能与这些外国侵略者进行对抗？

在英军攻占大角、沙角炮台之时，广东水师船舰被他们摧毁了，因此，丧失了制海权，尽管当时关天培在靖远炮台，距离大角、沙角炮台只有数公里，却不得不眼睁睁地看着自己的部下一步一步奋起反抗，但最终却逃不掉被打败的结局。

站在炮台上的关天培，内心的痛苦可想而知，他担忧，他焦虑，他着急，可他却只能看着，眼睁睁地看着，却做不了任何事。这种无力感时刻萦绕在他的内心，让他无比的煎熬。或许对于这位老将而言，他宁可提着刀剑与敌人的长枪大炮对抗，也绝不愿意就那么站在原地，看着自己将士们的鲜血染红了炮台，映红了蓝天。

得知这样的战况，皇帝当然震怒非常。英国人能够如此猛烈地攻下了大角、沙角炮台，这一点让这位皇帝感到颜面扫地，想我泱泱大国，竟然被外寇打败，国威何在？但是，面对着这种必然现象，作为一国之君的道光皇帝，没有反思自己的错误，却把火都发在了关天培的身上。

其实，早在英军进攻大角、沙角炮台之前，关天培就意识到了，如若以现在的海防能力，是很难将敌人进行拦截并且击退的。于是，他迫切地向琦善表达出加强海防的要求，但是，令他大失所望的是，琦善并没有采纳他的意见。

最终，大角炮台、沙角炮台几乎是同时失陷，这一结果也让两广总督琦善意识到，一旦皇帝接到了战败的消息，一定会雷霆大怒的。因此，琦善绞尽脑汁，最后想方设法把责任都推到了关天培的身上，在他写给道光皇帝的奏文中，将关天培刻画成了这场战争失败的罪魁祸首。因此，关天培身不由己的承担起了此次失败的全部责任。

道光皇帝在接到战败的消息之后，一方面急急忙忙放弃了与英国议和的奢望，意识到若想通过非武力的手段与英国之间达成相安无事的约定是不可能的，因此对英宣战。而另一方面，这次的失败让皇帝恼羞成怒，既为了处罚相关的官员，或许也是为了通过这种方式可以让他们在今后的战斗中可以转败为胜，道光皇帝以"平时督率无方，临时又仓皇失措"这种莫须有的罪名，将关天培革去了顶戴，并且让其"戴罪立功"。

但是，面对着敌人的一步一步地逼近，胸怀宽广的关天培怎会有时间忧虑自己的事情？他知道，虽然自己已是戴罪之身，但是肩上的担子依然非常的沉重，因为敌人们一直都在虎视眈眈，随时都会扑上来进行下一次的攻击，因此，关天培必须要在非常有限的时间之内，重新进行战略上的部署，并且重新提振广东水师的士气，不然的话，下一次的失利将会在不远的未来出现。

经历了失利的广东水师，士气再一次下降了。除了战争的残酷与结局的惨败带给他们心灵上的伤害之外，关天培因为莫须有的罪名而被革去顶戴也是其中一个重要的原因。在这些普通的将士们的心中，关天培就犹如战神一般存在着，关天培就像是他们的指明灯一样，他们一直跟着关天培抛头颅、洒热血。但是，他们心中的神竟然轰然间倾塌了，朝廷罔顾关天培戎马一生的精忠报国，给予了他如此不公平的对待。将士们心中的不满愈来愈深，一时之间，整个广东水师的士气跌到了谷底。水师们的焦躁情绪愈演愈烈，甚至出现了厌战、怯战的情况。

就这样，面对着重重压力之下的关天培，似乎陷入了一个没有出路的死循环之中，除了压力，别无其他。

孤立无援

面对着压力的袭来，关天培依旧秉承着他对于国家的赤子之心，他对于那些厌战、怯战的官兵们充分理解与体恤，尽全力帮助他们调整他们的心理状态。

那时，一些比较极端的士兵采取了一些非常极端的手段表示自己对于战争的惧怕以及厌恶，他们甚至要求必须要获得一定的赏钱，否则他们就会拒绝进行战斗。大战当前，最怕的就是军心不定，于是，关天培设身处地地为这些官兵们着想，他告诉自己，必须满足全体官兵们的合理要求，为他们加油打气，因为在与英军的战斗中，他们从整体的军事实力上来看，是要落后于人的，因此，在之后的战争中，必须要有着团结一致的对敌方针，同仇敌忾，才会有胜利的希望。

于是，关天培硬着头皮，向琦善争取兵饷去了。虽然琦善这个人，自私又胆小，而且林则徐、邓廷桢，包括关天培本人，落得今日这个局面的原因，也与琦善有着密不可分的联系。以关天培这样有着铮铮铁骨的硬汉，是断然瞧不上琦善的虚与委蛇、卑躬屈膝，但是，无论如何，琦善本人都是两广总督，关天培若是想要为这些与自己一道出生入死的将士们谋福利的话，就必须要通过琦善的许可。

除了向琦善争取兵饷之外，关天培甚至还自掏腰包来为将士们发兵饷。但是，作为一个常年带兵打仗、两袖清风的官员，关天培自己本身也没有多少的钱财。他不似那些整日里花天酒地挥金如土的贪官们，他只是拿着自己的俸禄，清清白白地过着日子。于是，关天培自己或许在这种艰苦的条件下，过着捉襟见肘的生活，但是他还是将兄弟们的利益放在了前面，据说，为了能够给将士们分发银元，关天培甚至都把自己的衣服都典当了。

由此可见，关天培对于这些将士，可谓是无比体恤，他或许在训练中是一位极为严苛的上司，但是，在平日的生活里，他又是一位时时刻刻将士兵们的利益放在首位的温和的将领。

就这样，通过关天培的努力，广东水师的士气也被慢慢提升了起来。

但是，关天培面临的困难以及麻烦，远远不止这些。

就在沙角、大角战斗结束的第二天，尝到了胜利的甜头的英军准备趁热打铁，进一步发动进攻，从而速战速决地逐步占领中国的领土。于是，英军给关天培送来了"照会"，英国方面表示："但俊贵国有顺理讲和之议，本国大臣所求顺理相安，亦喜讲和也。"同时,他们提出了五项相当无理的停战条件。其中,最令人无法接受的是"应将现在起建之炮台各工停止,不得稍有另作武备",并且,他们还要求三日内允准。

面对这样的无理要求,关天培回复道,"此次琦爵相为贵国之事,颇费心力,贵统帅亦当知其所难,缓商办理,未有不成之事。如以本提督之言为是,即请统率各船,暂回远洋安泊"。

关天培当然知道,英军所谓的和谈只是一时的虚与委蛇,而清王朝与英国之间的和谈是否能够成功,都不会影响到英国人最后的决定——继续攻打中国。因此,这次的和谈表面上是为了中英两国之间,可以进行一次比较和平的谈判,事实上,也只是英国放出的烟雾弹罢了,而英国人的最终目的,不过就是让清军们放松警惕,从而可以进一步取得之后的胜利。

虽然对于英国人的狼子野心,关天培可谓是了如指掌,但是,有勇有谋的他,决心采取拖延的计策,放松英国人的警惕,从而给自己争取更多的时间,可以进行战争的部署以及军队的训练。于是,他没有正面回答英国人提出的这些要求,既没有答应亦没有回绝,只是照会了义律、伯麦,这件事情他自己做不了主,真正做主的是琦善,因此,在英国人告知的期限之内,是难以满足他们的愿望的。关天培这样的模棱两可的态度也让英国人感到松了一口气,他们认为英国军队的这位劲敌已经接受了停战的条件,于是,英国人也接受了关天培的延迟答复的要求。

　　面对着英国人给予的准备时间，关天培丝毫不敢浪费，他马上进行各个方面的部署与建设，力图将敌人赶出国门。

　　关天培的重点，就是要争取加强虎门的防守。

　　关天培认认真真地吸取了之前在沙角、大角之战中，守军战败的经验教训，并且试图改正炮台存在的各种弊端与不足。因为之前的战斗中，充分显示了守军的炮台侧后的布防非常空虚，使得外国侵略者常常可以乘虚而入的问题，于是，为了避免重蹈覆辙，关天培在武山侧后的三门水道开始修建了一座安炮80门的隐蔽式炮台。除此之外，关天培还在一些炮台的侧后，增添了不少的士兵，一旦英军攻到了炮台的侧后，他们就必须面临中国将士的阻拦，这样一来，即便英国军队攻上了守军的炮台，面对着这些有血有肉的年轻将士们，他们若想直接占领炮台，也会面临着相当大的困难。

　　关天培的这些做法，实际上非常难以秘密进行。因为修筑炮台这样的大型工事，若想不被别人察觉，是一件非常困难的事情，更何况英国人从早到晚地监视着守军的一举一动，关天培这样的行动，无疑是在英国人的眼皮底下动土。

　　中国军队的这一系列行为，引来了伯麦的不满与猜疑。他两次照会关天培，要求他解释自己军队的这一系列行为，而关天培总是可以非常巧妙地搪塞过去，依旧采用着拖延的方法，为修筑工事创造时间。

于是，在下一次的战争爆发之前，事实上仅仅在横档一线，整体实力就提高了很多，比起之前有了比较大的进步。

当关天培为了国家海防竭尽全力之时，琦善依然在保持着在敌人面前低声下气，在国人面前颐指气使的嘴脸。之前，关天培意识到了虎门的危在旦夕，因此"密请添兵守虎门"之时，琦善的态度是"峻拒不许"。而在之后，关天培感觉到前线士兵数量过少，前线军事压力过大，若一旦开战，战况必是吃紧，于是，他派专人连夜赶到了省城，"痛苦求援"，甚至当时同城的文武官员一齐为关天培代请，希望琦善可以派兵进行援助，但是，琦善依然固执己见，始终"漠然视之"，最后，他仅仅派出了200人进行敷衍，可见其当时的随心所欲。关天培意识到，自己是绝对不可能从琦善那里得到任何有用的支持，正所谓道不同不相为谋，从禁烟运动到中英之间的冲突战争，关天培与琦善始终处在一个近似于对立的立场之上，琦善没有将国仇放在首位，而是采取了明哲保身这样令人鄙夷的方法，以求在乱世之中得以自保。因此，当他面对着有着鸿鹄之志的关天培时，他是不理解的，甚至是憎恨的，因此，他拒绝对关天培进行援助。

关天培面对琦善的态度，当然是又急又气，可是，对于琦善这个人来说，关天培又是无能为力去改变他的。因为对于关天培来说，忠国忠君是一件为人臣子必须履行的义务，而服从于上级的安排，也是在他心里根深蒂固的一种思想，因此，即便他在对英国人的态度上，对琦善进行了反抗，但是，老祖宗千百年来留下的思想，依然难以从他身上磨灭。其次，也是最重要的是，当关天培面对着陷于水深火热之中的清王朝，他很难再有别的时间去思考自己与上级之间的关系，现在的他，满脑子装的都是如何可以保家卫国，如何可以驱逐这些外国的侵略者。于是，面对着琦善的一步又一步的欺压，关天培也只能长叹一声了吧。

面对着琦善如此冰冷的态度，关天培可能在某种意义上知道了自己未来的命运。事实上，琦善可以被视为当时清王朝众多臣子之中的一个缩影，他们胆小怕事，又工于心计，因此，当面临国难的时候，他们或许也无法说服自己与他人联手，一致抗敌。因此，关天培唯有苦笑着做好准备，去迎接敌人随时有可能进行的攻击。

而这种准备，就是为了清王朝抛头颅洒热血，慷慨赴死，为国捐躯。

关天培知道，下一场战争，将会是一场激烈的硬仗，敌人们一定会不择手段地进行进攻，而人员数量较为缺乏的中国守军，则只有苦苦抵抗，而最终，这场战争的结局，究竟是胜利还是失败，关天培自己也拿不准。

但是，他知道，在这个时候，一定要做好最坏的打算。做好战死沙场的打算，做好战斗到流尽鲜血的打算。

终于，英军的进攻开始了。

1841年2月23日，英国"复仇神"号等船，由晏臣湾闯入了三门水道。当时的清军正在那里打桩下排进行设防，于是，清军只好暂时退走，而随后，隐蔽的清军突然向英国的船舰开炮，而此时，英国的船舰也是不甘示弱，马上开火进行反击。此后，他们攻占了该炮台，并且对这个尚未完工的炮台进行了破坏。到了第二天，"复仇神"号等船再一次卷土重来，来到了三门水道，他们故技重施，破坏了阻塞河道的各种设施。于是，守军再一次进行了反击。而英军在将所有阻碍自己的船舰进行出入的设施清除之后，继续向上行驶去了。此时，贵州开来的援军1000名刚刚到达太平墟，未及投入战斗。因此，当时的守军们面临的就是如此孤立无援的境地，没有援军的支援，他们除了誓死抵抗之外，别无他法。

2月24日，英军司令伯麦向关天培发出最后通牒，要求"将横档以上、大虎以下中流各处炮台，俱行让给本统帅暂为据守"。关天培面对英军如此毫无道理又强硬蛮横的要求，未给予任何的回应，对其置之不理。这一举动，显示出了关天培对于英国侵略者极为强硬的态度，他要以武力进行抵抗，绝不对傲慢、嚣张的英国人进行任何形式上的妥协。哪怕自己的军队与英国人之间有着难以逾越的差距，也不能阻止关天培本人坚毅的决心与胸怀。

2月25日，英军发起了空前规模的进攻，这场大战在关天培重点设置的第二重防线展开了。在这一天的中午，"复仇神"号等运送炮兵和130步兵在下横档岛南侧登陆。英军之所以会选择在下横档岛进行登录，主要的原因就是因为下横档岛并没有人进行防守。后来，清军武山和上横档岛炮台开炮，但是没有奏效。到了晚上，英军在该岛制高点建成拥有3门重炮的野战炮兵阵地。

面对着敌人一次又一次的疯狂进攻，关天培只能苦苦抵抗。英国侵略者们不容许中国的军队有任何喘息的机会，他们在间隔时间很短的情况下，找准守军的弱点，就开始进行袭击。对于关天培而言，他一直处于一种孤立无援的状态之下，因为琦善的拒绝增援，使得整个军队在人员整合上难以令人满意，面对着有着先进武器的英国人，中国的军队处处显示出了自己不足的一方面。对比之下，清守军没有先进的武器、高昂的士气、充足的人数，仅仅想要凭借着关天培以及那些一心报国的官兵们的一腔热血就想扭转战局，那当然是不可能的。在这一次又一次的对战中，中国的军队，似乎逐渐失去了天时地利人和的优势。

死当血食

"生当扬威，死当血食"是关天培这位老将借用星象家之言为自己的一生所作的感慨与概括。

在丁晏的《诰授振威将军广东省水师提督关忠节公传》中，有这么一段话：

> 余与公同乡，又托交契。癸未，余入都，会公升参将入觐，同舍居月余。酒酣耳热，纵谈常至夜分。公自述星家言："汉寿亭侯禄命系四戊午，吾日时皆戊午。星家谓，生当扬威，死当血食，然六十当有大难，岂果然乎？"座客劝其届六旬即乞休，公慨然曰："吾以兵丁起家微贱，仰荷天子厚恩，擢任大员，终不忍归老江湖，吾当以死报国矣！"

从关天培的这番话语中可以看出，他早已经将生死置之度外了。而且他深知，自己在战斗中可以说是凶多吉少，因为他不仅仅面对着的是穷凶极恶的外敌，还有官场上的互相倾轧的政敌。所以说这位老将，早已有着视死如归的心态了。

那个时代的人，对于天神、星象是格外信任的，在他们心目中，星象家所言，终究会成为现实，也就是说，关天培在60岁的时候，会遭遇大难。因此，当众人闻听此言，纷纷对他进行劝说，希望他能够到60岁就退休，这样就可以免灾免难的时候，他非但没有听从大家的劝告，反而慷慨激昂地表达了自己的忠心，他坚持，自己可以一路被提拔，都是承蒙皇恩浩荡，因此，道光皇帝对于他，有着极大的恩泽，关天培无以为报，

关天培雕像

只能以死报国，而绝不以告老还乡为由，躲避战乱与牺牲。

而丁晏闻听关天培的一番剖白，则感叹道："余韪其言而壮之，故公之守台攻陷，余决其必死，已而果然。听其言而信其人，于禄命何与哉！"言下之意就是说，自己完全相信关天培的这番话绝对是肺腑之言，而且当自己知道关天培所驻守的炮台被攻陷的时候，他就料到了关天培一定会以身殉国的。而他料得到这样的结局，不是因为对星象家所做的预言深信不疑，而是因为他知道，关天培的一身正气，注定了他一定要与炮台、与将士们同生共死，绝不苟活。

关天培这般的气节与勇气，震撼了在场的人们，更震撼了丁晏，因此，当回顾丁晏对于关天培的描述时，不难发现他对于关天培是不吝溢美之词进行赞扬的，他对于关天培，既有着无比的欣赏，也不乏对于这位英雄时运不济、命途多舛的唏嘘。而丁晏的这种观点，也可以成为后世对于关天培看法的一种代表，对于关天培的一生，人们有叹，既惊叹又哀叹，惊叹于他的浩然正气，哀叹于他的壮烈牺牲。这位在敌人的炮火中战斗到生命最后一刻的老人，给这场战争增添了无比哀伤的一笔。

1841年2月26日，英军再一次进行了进攻。这一天，成为中国历史上极为悲壮的一天，无数将士们血染沙场、壮志未酬，他们为了抗击敌人，咬牙坚持反抗，至死不休。而这一天，也是这位重情重义、侠肝义胆的老将关天培战死沙场的日子。关天培的名字，在这一天被永永远远地载入了史册，他在战场上的英勇与威猛，不仅仅让那些早已处于下风的清军们大为感动，甚至都让好多敌人，闻风丧胆。

26日清晨，在下横档岛的英军野战炮兵开始向上横档岛射击，清军辛苦建立的炮台甚至是军营，则无一例外的多次被击中。因为当时的英国侵略者所处的位置是在较高的地方，占尽了地理优势，而处于下方的守军则难以形成有效地反击，只能被动地承受着敌人的袭击，现场显得非常的混乱。

就在这时，一些胆小如鼠的清军将领，在意识到难以招架敌人进攻之后，眼见胜利无望，竟然将依旧在抵抗的将士们弃之不顾，自己驾着四五艘小船仓皇逃窜，企图保全自己的性命，从而得以苟活。被抛下的士兵对于将领的这一行为大为鄙视与失望，于是，他们调转的炮口，向这些将领们开炮射击。

在上午10时左右，英国的船舰冲入了虎门横档岛两边的水道。

"威厘士厘"号和"都鲁壹"号及轻型舰队起锚上驶，为了躲避清军的炮火，英军选择了驶入下横档岛西侧水道。当英舰队进入了守军的射程之内时，清军立即开炮进行攻击，并且较有成效，多次击中了敌方的船舰。而英军一面对守军进行还击，一方面穿过了上横档岛西侧的水道，转而攻击该岛在设防方面比较薄弱的西北面以及北面。而"威厘士厘"号、"都鲁壹"号在上横档岛西侧水道正中抛锚，以两侧舷炮猛轰永安、巩固两炮台。事实上，横档西侧水道的清军，在火力上是远远不如东侧水道的，而且，上横档岛的清军已经遭受了下横档岛英军炮火长时间的进攻，因此，守军们早已是精疲力竭，而且在火力上也已经不堪重负了。因此，面对着英军大火力的持续进攻，他们几乎可以说是无力招架了。

于是，到了下午1时左右，永安、巩固两个炮台，均被敌军打垮，射击也停了下来。

早已机动至下横档岛南侧避炮的"复仇神"号等船，乘机运送陆军在上横档岛西端登陆。在英军占据了永安炮台之后，他们继续向东面进行进攻，到了2时左右的时候，士气大振的英军先后攻占清军军营、横档山上炮台、横档炮台及各处工事，也就是说，全岛失陷。岛上的清军，共有25人战死，100多人受伤，另外，有1000人左右被俘。由此可见，江中上横档岛的战局，相当惨烈。

而西岸的战况，亦是如此。英军在努力集中火力打垮了巩固炮台之后，下午4时，"复仇神"号及"威厘士厘"号所属的小船，运送"威厘士厘"号等舰的水兵在巩固炮台处登陆。而在这个时候，该炮台的守军发现抵抗无望，无法继续保卫炮台，因此他们最终决定，放弃该炮台。当英军攻占了炮台之后，他们继续向后山的军营进攻，之后，他们驱散了该处的守军，并且焚烧了军营。

而在东岸，中国军队与英国人之间，战斗得相当激烈，中国军队损失惨重，难以招架敌人的进攻。

就在上午10时，英军的舰队出动，进行非常猛烈的袭击。"伯兰汉"号、"麦尔威厘"号以及武装轮船"皇后"号及两舰所附属的3只小船，为了躲避横档炮台及威远等炮台的炮火，沿晏臣湾岸航行。设于威远炮台以东的清军沙袋炮台开火，威远炮台亦用侧面火炮射击。但是，这样的反击是难以奏效的。因为沙袋炮台的火炮太小，再加上威远炮台射击的夹角太大，侧面的火炮有限，因此，这样的火力实力是难以与英军的船舰进行对抗的。"麦尔威厘"号和"伯兰汉"号在航行至距威远炮台附近时纷纷下锚，这样一来，就可以用非常猛烈且有效地炮火进攻威远、靖远两炮台及沙袋炮台。由于英舰抛锚位置并没有超过清军的第一道排链，而清军靖远炮台射击侧角过大，因此只能有部分火炮能够发挥作用，除此之外，更加麻烦的是，镇远炮台基本无法参加射击，而对岸横档炮台又被下横档岛英军炮火压制自顾不暇，因此难以进行支援。就这样，清军的靖远、镇远等炮台，因为自身的局限等原因，不能发挥任何的作用。因此，在腹背受敌、处处受限的状态下，守军只能苦苦抵抗，但是，战争的结局早已经注定，不论守军再怎么反抗，也依旧是无力回天了。

尽管中国的将士们在这张战争中充分体现了他们的爱国情

怀，也展现了他们大无畏的精神，此外，他们也多次击中了敌人的军舰，但是，清军始终是处于劣势的一方，英军长时间进行的炮火攻击，基本上可以说是摧毁了靖远以及沙袋炮台的作战能力。

而后，300名水兵乘势搭乘小船登岸，进攻各炮台。直至下午2时，武山一带各炮台失陷，而关天培，也在这场惨烈的对英作战中，英勇牺牲。

直至下午5时，战斗全部结束了，英军顺利地攻占了虎门炮台，而他们在品尝着胜利的愉悦的同时，也炸毁了虎门炮台中主要的炮台。

于是，在关天培的壮志未酬身先死之后，英国人又亲手将关天培多年来苦心经营的心血，付之一炬。

随后，英军用自己的长枪大炮，一步一步地侵略着中国的土地，而中国，也逐步进入了半殖民地半封建社会的悲剧之中。

在丁晏的《诰授振威将军广东省水师提督关忠节公传》中，对于关天培在与敌人进行对抗是面临的困境描述得动人心魄。

辛丑年，夷兵攻陷大角、沙角二台，又进攻威远、靖远诸台。大吏一时主抚，尽行撤防，并木排、铁链皆毁弃之。公诣制府，恸哭请益兵，不许。守台仅羸兵二百，公自度众寡不敌，且藩篱既撤，孤立无援，乃决为死计。昼夜驻炮台督战，创痕遍体，血濡衣襟。会事急，公顾其仆孙立使去。仆徘徊不忍决，公以刃逐之。曰："吾上不能报天恩，下不能养老母，死有余恨。汝归告吾妻子，但能孝事吾亲，吾目瞑矣！"仆遂奔，至山半，回首视公，已为飞炮所中，陨绝于地。时辛丑二月初六日。仆以印送抚军，复返至炮台，求得公尸负以归，辫发已割，左腕刀伤，身受炮火，焦烂无完肤。同官赙金以殓。事闻，天子震悼，奉上谕："广东虎门失守，提督关天培阵亡，着加恩照例赐恤。除赏给银两，准予世职外，着该督抚查明伊子孙几人，均于服阕后送部带领引见，候朕施恩。该员统领士卒，为国捐躯，均堪悯恻。着该督抚，即在遇害地方，建立专祠，以慰忠魂。该提督灵榇回籍，饬知沿途地方官，妥为护送。"是年闰三月，赐谥忠节，入祀昭忠祠。命翰林院撰墓碑、祭文，给传归丧。

先是军务孔亟，公与制府议不合，誓以死报。乃缄一篋寄淮，戒家人勿启。及公薨后，启之，则堕齿数枚，旧衣数袭而已。盖公怀敌忾之忠，有死无二，故寄齿与衣，以绝生还之望。及其临终，拳拳以君亲为念。公之至性过人，从容就义，其平日之所守可知矣。

当时敌人进攻的时候，关天培是镇守在靖远炮台的。当英军在攻占了其他炮台之后，靖远炮台以及在其侧边的镇远、威远炮台，就直接暴露在了敌人的火力之下。于是，敌人开始了疯狂的猛攻，而关天培则是身先士卒，指挥将士们进行抵抗。当时的战斗场面非常的震撼人心，炮声阵阵，沙土飞扬。关天培命令把炮台前的15门大炮，装上足够的火药，尽全力向英军进行炮击，面对着守军们如此不计个人安危与后果，近似于疯狂的反击，也让不少英军暗暗心惊。关天培阻止的炮火发挥了一定的威力，将敌人多次打退。

当下午的战斗开始的时候，关天培本人就一直位于最前线的位置，他亲自登上了炮台，进行督战，他的身先士卒，也为那些浴血奋战的将士们，打了一针强心剂。面对着主将的大义凛然，将士们自然受到了百般的鼓舞，他们为了国家，为了民族，杀红了眼，不顾自己身上早已负伤流血，唯一的念头，就是驱除这些英夷，保家卫国，至死方休！

就在这时，南风大作，英军乘着风，向守军开炮还击，一时之间，守军受伤牺牲者众多。此时的关天培，身上已经负伤10余处，鲜血染红了他的战袍，但是，他依旧是无惊无惧，咬牙坚持战斗。他冲到大炮的后面，代替在战斗中英勇牺牲了的炮手，亲自点燃了大炮，向英军进行射击。于是，关天培与将士们同仇敌忾，并肩作战，显示出了中华民族无比英雄的气节。

然而，天公不作美，在这万般艰难的时刻，突然天降大雨，倾盆的雨点落下，淋湿了大炮的火门，使得大炮失去了原本的威力。

这对关天培，对那些坚守炮台的幸存将士来说，无疑是灭顶之灾。

失去了火力的守军，怎么能够抵抗这疯狂的进攻呢？

眼看炮台就要沦陷，在这紧要关头，关天培派人再一次向琦善求援。或许关天培当时已经别无选择，或许关天培还对琦善存有一丝侥幸的希望。他或许觉得，之前尽管向琦善要求派兵增援，却遭到了断然的拒绝，但是，时至今日，面对着这场腥风血雨的战争，琦善或许会改变心意，进行派兵。但是，令关天培失望的是，一心求和的琦善，面对着如此的局面，依然畏缩又冷血，他趁机对一向看不顺眼的关天培发难，拒绝发兵进行援助。

面对着琦善的冷血无情，关天培异常愤怒，但是眼下的情形也由不得他多想，他知道，或许结局已定，但是，他必须要战斗到生命的最后一刻。

关天培面对着危险的时刻，却依然没有忘却国体，他命令自己的亲随孙立即刻突围，把自己的官印送回衙署。忠心耿耿的孙立自然誓死不从，号啕大哭，关天培却坚持让其离去。关天培沉痛地说，自己没有完成自己的心愿，因为他既没有能够报答皇恩浩荡，亦没有对自己的母亲尽孝。因此，他嘱咐孙立，一定要转告自己的妻子，对母亲尽孝，否则他自己死不瞑目。

孙立闻听此言，才咬牙接受了任务，向山下跑去。

而孙立也知道，这几句话，是关天培最后的遗言。

果然，当孙立完成了任务，冒死返回炮台之时，炮台已经被英军占领，而他也在那些阵亡的将士们的尸体中，找到了壮烈牺牲的关天培。

这位老将，果然如他所言的那样，滴尽了自己的最后一滴血。

后世对于关天培是如何殉国的，有着不一样的说法。

一种说法认为，关天培是被子弹击中而亡的。在《关提督义节》中，对于关天培中弹而亡这一点，作了比较详尽的描写。

> 方英吉利逆夷之入虎门也，我兵四溃，水师提督关天培只身奋斗贼锋。伪提督义律婉言说降，并云贼王欲重用。公厉声骂曰："何物逆贼，敢于我前出此语？"抽刀奋刺之。律知不可，施火枪洞胸而毙，弃公尸于贼营，使其将士膜拜而归我营。曰：天朝有此义将，鸿福尚未艾耳。此吾邑弁汛葛公鸣彪，曾亲历其境，为余兄言也。

而另一种说法，则认为关天培是中了炮弹的射击而亡的。这一种说法的证据有两点，一点是关天培的遗体缺了半边的身体和一条胳膊，很明显是因为遭受到了炮弹的袭击。在丁晏

《诰授振威将军广东省水师提督关忠节公传》中有这么一句话："仆遂奔，至山半，回首视公，已为飞炮所中，陨绝于地。"这也为这种观点提供了支持。

其实，不论关天培最后是如何牺牲的，有一点毋庸置疑，这位老将倾尽了自己的一生，只为了吾国吾民的世代安康，他抛头颅洒热血，胸怀大志，精忠报国的高尚品质，将会流芳千古。

长歌当哭

关天培的牺牲，是清王朝一件难以挽回的巨大损失。这位英雄的不凡气度，这位老将的英雄气节，在当时风云莫测的社会环境之下，有着极为重要的影响力。广东水师的将士们，因为有着这样一位志存高远又礼贤下士的优秀将领，才得以一次又一次的士气大振，从而勇于与敌人做着殊死抗争。而道光皇帝本人，也正是因为有了林则徐、关天培等忠臣的多次良谏，才能在虎门销烟的过程中，挺起了中华民族的脊梁。

于是，当道光皇帝闻听关天培战死的噩耗之时，分外的悲痛，他感到自己失去了一位将才、忠臣，或许这个时候的道光皇帝已经恍然大悟，之前这位老臣是如此的忠心耿耿，他的战死沙场，最终向这位皇帝表白了忠心，或许也让皇帝对之前自己的不信任之举，感到了追悔莫及。

于是，为了缅怀这位为国捐躯的老将，道光二十一年

（1841年）五月，道光皇帝命翰林院制祭文，祭奠关天培：

（《谕祭文赐原任广东水师提督关天培》）

制曰：执干戈以卫社稷，端资果毅之材，听鼓鼙而思将臣，倍眷忠贞之彦，惟临难不渝乎大节，斯饰终特沛乎殊恩。

尔原任广东水师提督关天培，早选戎行，深娴韬略，始荷戈于淮水，旋擢甲于邗江。洊历参游，海表壮旌旗之色，递迁协镇，舟师扬组练之威。聿播雄名，允膺懋赏。属南粤分符之日，值西夷肆逆之时，队领貔貅，美宣威于远服；气吞鲸鳄，期伸讨于重洋。指海上以开帆，身轻锋镝，向军中而夺稍，势撼波涛。茂著战功，特加勇号。方谓指挥既定，迅扫狼烽，不图肘变旋生，终伤马革。妖魔待翦，递惊大树之倾；毅魄先沈，顿失长城之寄。爰举易名之典，并隆赐恤之文。于戏！凝碧血于泉扃，应叹未酬壮志；表丹心于竹帛，庶几可慰忠魂。荐此苾芳，尚其歆受！

除此之外，道光二十二年（1842年），皇帝命令翰林院撰写了御制碑文。

碑文如下：

（《御制碑文赐原任广东水师提督关天培》）

关天培祠内的残碑基座，后人猜测这是道光皇帝亲题的"忠节公"碑

朕惟戎行厉节，人臣报国之经；册府铭勋，朝宁酬庸之典。伟业既光于竹帛，哀荣宜贲乎松楸。

尔原任广东水师提督关天培，淮海钟英，韬钤储智。由武库以擢秀，襄营务以宣猷。运米而著有成劳，考绩而特邀优叙。爰历参游之任，虎旅超腾；追跻总镇之阶，龙光晋接，荷上方之宠赉，湛露尤浓；建大将之勋名，雄风聿播。乃分符于粤徼，俾专督夫水师。

鲸浪高掀，仗一生之忠信；狼弧远指，靖万里之尘氛。昌锋镝以扬帆，烟开洋面；统舳舻以进队，星灿旌头。义勇常昭，夺稍耀兜鍪之色；嘉名特锡，宣纶中壁垒之威。

本来履险如夷，气凌绝壑；何意见危授命，声咽归

133

潮。大树苍凉,缅荩忱之似昔;灵旗惨憺,想毅魄之如生。表厥生平,谥之忠节。

于戏!丹心不泯,素节常完,志在成仁。执干戈以为社稷之卫,功堪懋赏;听鼓鼙则思将帅之臣。用勒贞珉,永垂令誉。

由此可见,对于道光皇帝本人而言,失去了关天培这位臣子,就意味着失去了相当重要的左膀右臂。起初,他认为只要清政府可以在与英国人的谈判中放弃一些利益,多做一些让步,那么,英国人就会放弃对清王朝的武力攻击。因此,他不断地妥协,并且被惧怕蒙住了双眼,他听信了佞臣的谗言,认为是林则徐、关天培等人的禁烟行为惹恼了这些穷凶极恶的外国人,于是,他不惜牺牲林则徐、邓廷桢等人,以求换回一时安宁。但是,天真的皇帝还是没有迎来他想要的结局,反而在英军的袭击中腹背受敌。这一次,他再一次轻信了他人,拿关天培开起了刀。面对着如此不公平的对待,这位老将却依然保持着报国的初心,对于国家肝脑涂地在所不惜。

当这位老将牺牲之后,道光皇帝幡然悔悟,但是早已是为时已晚。

除了皇帝本人之外,还有很多的有识之士,纷纷提笔疾书,写下了对关天培的景仰与唏嘘。

关天培墓，位于江苏淮阴

这其中，当然有与关天培志同道合的林则徐。

当闻听关天培战死的消息之时，那时的林则徐还在流放的途中。当听到了老友牺牲的噩耗时，林则徐悲痛万分，他对于关天培的逝世感到分外的痛心，他认为，关天培之所以会牺牲，与琦善之流处处与关天培作对，不断对其进行陷害与阻挠有着密切的关系。于是，怀着无比沉痛的心情，林则徐写下了流传千古的这则挽联：

六载固金汤，问何人急坏长城，孤注空教躬尽瘁；

双忠同坎壈，闻异类亦钦伟节，归魂相送面如生。

除了林则徐之外，诗人朱琦亦是相当不满当时整个朝廷一片主和氛围，也同样对威武坚毅的关天培充满了敬佩，因此，面对关天培的离世，他奋笔写下了《关将军挽歌》：

飓风昼卷阴方昏，巨舶如山驱火轮。

番儿船头擂大鼓，碧眼鬼奴出杀人。

粤关守卒走相告，防海夜迁关将军。

将军料敌有胆略，楼橹万艘屯虎门。

虎门粤咽喉，险要无比伦。

峭壁东西峡，下临万测渊。

涛泷阻绝八万里，彼虏深入孤无援。

鹿角相倚断归路，漏网欲脱愁鲸鲲。

惜哉！大府畏懦坐失策，犬羊自古终难驯。

海波沸涌黯落日，群鬼叫嚣气益振。

我军虽众无斗志，荷戈却立不敢前。

赣兵昔时号骁勇，今胡望风同溃奔。

将军徒手犹搏战，自言力竭孤国恩。

可怜裹尸无马革，巨炮一震成烟尘。

臣有老母年九十，眼下一孙未成立。

诏书哀痛如雨注，吾闻：父子死贼更有陈连升。

炳炳大节同峻嶒，猿鹤幻化那忍论，我为剪纸招忠魂。

这字字句句，都体现了诗人对于关天培本人的惋惜与欣赏，或许这对于关天培而言，也是一种莫大的安慰，毕竟他的忠心与抱负，总有知音能够读懂。

第六章　名垂青史

关忠节公

纵观《清史稿》对于关天培的描述，我们可以看出，这字句里面，都充满了对于关天培本人的赞赏之情。

关天培，字滋圃，江苏山阳人。由行伍洊升太湖营水师副将。道光六年，初行海运，督护百四十余艘抵天津，被优叙。七年，擢苏松镇总兵。十三年，署江南提督。十四年，授广东水师提督。时英吉利通商渐萌跋扈，兵船阑入内河，前提督李增阶以疏防黜，天培代之。至则亲历海洋厄塞，增修虎门、南山、横档诸炮台，铸六千斤大炮四十座，请筹操练犒赏经费。十八年，英人马他伦至澳门，托言稽察商务，投函不如制，天培却之。禁烟事起，偕总督邓廷桢侦缉甚力。

十九年，林则徐莅广东，檄天培勒戎船缴烟二万余箱焚之，于是严海防，横档山前海面较狭可扼，铸巨铁练横系之二重，阻敌舟不能径过，炮台乃得以伺击。则徐倚天培如左右手，常驻沙角，督本标及阳江、碣石两镇师船排日操练。七月，英舰突犯九龙山口，为参将赖恩爵击退。九月，二舰至穿鼻洋，阻商船进口，挑战。天培身立桅前，拔刀督阵，退者立斩。有击中敌船一炮者，立予重赏，发炮破敌船头鼻，敌纷纷落海，乃遁。

敌舰久泊尖沙嘴，踞为巢穴。迤北山梁曰官涌，俯视聚泊之所，攻击最便，天培增炮驻营，敌屡乘隙来争，不得逞。十月，敌以大舰正面来攻，小舟载兵从侧乘潮扑岸，歼之于山冈；复于迤东胡椒角窥伺，炮击走之。乃调集水陆兵守山梁，参将陈连升、赖恩爵、张斌，游击伍通标、德连等为五路，合同进攻。敌乘夜来犯，五路大炮齐击，敌舟自撞，灯火皆灭。侵晓瞭望，逃者过半，仅存十余舟远泊。次日，复有二敌舰潜进，随者十数，复诸路合击，毁其头船，遂散泊外洋。捷闻，诏嘉奖，赐号法福灵阿巴图鲁。二十年春，英舰虽不敢复进，犹招奸民分路载烟私售。天培沿海搜捕，一日数起，复饬渔船蟹艇乘间焚毁敌舟，英人始改计他犯。

及林则徐罢，琦善代之，一意主抚，至粤，先撤沿海防御，仅留水师制兵三分之一，募勇尽散，而英人要索甚奢，久无定议，战衅复起。十二月，英船攻虎门外沙角炮台，副将陈连升死之，大角炮台随陷，并为敌踞，虎门危急。天培与总兵李廷钰分守靖远、威远两炮台，请援，琦善仅遣兵二百。二十一年正月，敌进攻，守台兵仅数百，遣将恸哭请益师，无应者。天培度众寡不敌，乃决以死守，出私财犒将士，率游击麦廷章昼夜督战。敌入三门口，冲断桩练，奋击甫退，南风大作，敌船大队围横档、永安两炮台，遂陷。进攻虎门，自巳至酉，杀伤相当，而炮门透水不得发，敌自台后攒击，身被数十创。事急，以印投仆孙长庆，令去，行未远，回顾天培已殒绝于地，廷章亦同死，炮台遂陷。长庆缒崖出，缴印于总督，复往寻天培尸，半体焦焉，负以出。优恤，予骑都尉兼一云骑尉世职，谥忠节，入祀昭忠祠，建立专祠。母吴年逾八十，命地方官存问，给银米以养余年。子从龙袭世职，官安徽候补同知。

《清史稿》用着简练的语言，就将一位大忠大孝的将领刻画了出来。关天培在中国历史上，注定是令人难忘的，因为他的气节，他的灵魂，都在不断的感染着后世。

关天培在人们的心目中，是一位顶天立地的大英雄，他有着忠孝两全的正气凛然，有着"生当作人杰，死亦为鬼雄"威武霸气。他在军营中摸爬滚打多年，早已经有了生亦何欢、死亦何惧的淡然气质。面对着死亡的威胁，关天培坚持的，依然是自己的气节，面对英国人的劝降，关天培宁死不从。

据传，关天培在虎门战役中，身负重伤的他，在魂魄归天的时候，依旧是巍然挺立的。也就是说，这位老将到死都决不让自己的脊梁弯折，不让自己的双膝跪地。这位老人，心甘情愿的跪天跪地，跪君主，跪父母，但绝对不会向敌人弯下双膝的。即便是到死，他也绝绝对对不会妥协。

于是，这样巍然挺立的关天培，吓坏了那些英军，他们万万没有想到，这位所谓的手下败将，竟然有如此的铮铮傲骨，他们惊呆了，他们畏缩了，他们迟疑了。他们面对着这具苍老的尸体，一时间竟然不知道如何是好。

于是，当关天培的尸体被他的亲随领走的时候，向来心高气傲的英军，竟然破天荒的为这位对手鸣放礼炮，这一举动让人不解，却又让人意识到：这是他们，用自己的方式，向这位有着坚挺脊梁的中国人致以他们的敬意。

关天培至死都是骄傲的，他的骄傲绝不容许敌人的践踏。他的骄傲，他的忠心，被他到死都在坚持着。

关天培的站立，可以称得上是感天动地的，这样的站立，是勇敢的，是坚强的，是令人感慨万千的。这位老人用生命书写了他对于国家的奉献与热血，撑起了中华民族的脊梁与傲骨。

《筹海初集》

《筹海初集》是关天培本人的一本著作。写于其担任广东水师提督期间。关天培当时眼睁睁地看着英国对清王朝进行着肆无忌惮的鸦片走私活动，而整个的广东海防却像是不堪一击一般，无法对于那些进行走私的外国船舰进行拦截与阻止。

关天培心急如焚，认为必须通过一定的方法来加强整个的广东海防的建设。因此，他努力进行炮台的修筑，更新军事装备，同时训练整个水师。同时，关天培还多次对于海防的建设进行实地的考察，与此同时，他又仔细"检阅洋图，摘查文卷"，通过结合自己的作战经验，提出了对于海防建设的若干的意见与建议，并且将它们写成了书籍，名为《筹海初集》。

《筹海初集》一共有四卷，大约共有十二万字。同时，书里面还附上了广州虎门各炮台图十一幅，除此之外，还有师船水操、水军泅水阵式图十五幅。

在这本书中，比较全面地展示了关天培本人对于建设海防方面的军事思想。

关天培坚持，建设广东海防一事，任重而道远，必须立即进行建设。因为广东的地理位置与地位，就注定了它的重要性。若是想可以彻彻底底地对鸦片贸易进行遏制，就一定要保障广东海防的固若金汤。只有这样，才能够使得外国的侵略者难以攻破我们的海防，无法进行毫无人性的鸦片贸易。

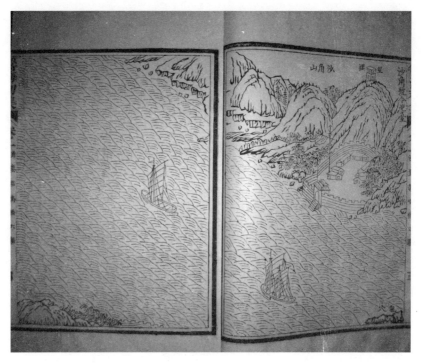

《筹海初集》内文插图

除此之外，关天培赞成对于外国侵略者实行强硬的对策，而绝不能向其示好或是妥协。他认为，必须要对其起到震慑的作用，扬我国威，使其不会再有胆量进行挑衅行为。只有通过这种毫不退让的方式，才能够使得外国的侵略者再也不会有胆量打中国的主意，同时也不会再通过非法的手段进行各种非法的贸易行为。

对于如何守卫海防，关天培提出了非常详尽的要求。关天培强调，必须要以守备为主，对于出入的船只要进行严格的控制与检查，绝对不能出现任何疏漏之处。在进行排查的时候，要注意各种细节，坚决杜绝漏网之鱼。关天培还采取了炮台进行联络攻击的方式，设计了要塞防御的战法，希望通过科学的手段与方法，对敌军发起的进攻可以起到比较有效的防御。

关天培在这部《筹海初集》中，在自序这一部分，比较详尽地阐述了自己本身在建设海防方面的各种的经验，还有自己这些年来的一些经历。除此之外，关天培在这篇自序中，字字句句中都包含了自己对于国家，对于民族的热爱与情谊。从这篇文章中，我们可以窥见关天培那种对于国家的那种拳拳的报国之情。

《筹海初集》自序

《筹海集》者，记公事也。何为而记也？重筹海也。培幼攻儒术，长习韬钤，执戟淮阴，分符扬郡，调金陵而卓荐，改外海而越升，革吴淞口之陋规，清川沙营之亏项。道光乙酉秋，漕河浅阻，议以苏松常镇太四府一州漕白粮米，创为海运。其时制军琦静斋通侯、中承陶云汀夫子、军门王竹亭夫子议派督运大员，颇难其选。培不避毛遂之嫌，力请身任。丙戌仲春，兑运开行。斯役也，以一百二十四万余石天庚正供作为头运，分载民船一千二百五十四号，行五千数百里汪洋大海，数遇惊风骇浪。漂入高丽夷境者三百余船，卒皆化险为平。

追挽入津门，不但斛收无缺，且有盈余。总计各船舵水三万余人，一丁未损。良由圣天子德隆福厚，海神效灵，岂人力所能致哉！是夏，即以培升署太湖副将。复奉恩纶，从优议叙。道光七年，仰蒙特旨，补授苏松总兵。壬辰春，署江南提督。是秋，届当述职，奏蒙俞允，冬月下浣趋听阙廷，五蒙召对，天语褒劳，交军机记名。十四年九月，仰沐圣恩，补授广东水师提督。奉命驰驿，速赴新任，于冬月六日会城受事。培何人斯，肩此巨任！受恩愈重，报称愈难。

粤东为近海要疆。我朝列圣（以）天下为一家，虽外夷亦同赤子。且以四夷仰食于天朝者，不下万万，而中华之茶叶、大黄，尤为夷人保命之原。是以一视同仁，准于粤洋贸易，设海关监督理其税务，而抚育之，此诚覆载之鸿恩也。唯是事久弊生，趋利若鹜之奸夷，渐形桀骜，而勾引煽惑之匪徒，又从而唆诱之。十四年，夷目律唠啤之事不已，可概见乎。是备御之筹诚不可刻缓，而驭夷之要更不可不晓然使吾人之有以尽知之也。

历稽往籍，自古圣王之于四夷，其犯顺也，则严御之，去不穷追，其纳款也，抚之以恩，去则不问。盖蛮夷之性，殊不易测。适其欲则贴服相安，违其愿即不顾反斗。其同类也，势均则相争，不知礼义；力绌则相屈，不羞服属。唯当顺其所利而因以制之，非礼乐法度所可驯服

145

而绳约者，所谓治之以不治耳。故御之之道，守备为本，以逸待劳，以静待动，严防出人，禁绝内奸。震之以威则惧而逸，示之以怯则骄而聚。若抚之有道，处之有法，上可体圣心之无外，下可使荒远以咸宾。然必寓经营于镇静之中，弭祸患于未萌之日，此备御之所以不可刻缓者也。

培莅任以来，如临如履，凡思虑所能及、力量所能到、事之所能力肩者，莫不次第举行，期于有备。唯近性健忘，于是将一切稿件录而存之。愈积愈多，久而成帙。爰即摘分四卷，名之曰《筹海初集》。首录上谕，次记题名碑文，以及筹议海防、整伤营伍、训练弁兵，并摘抄奏稿书稿，设立义学、谕告众兵各示稿，均次第列入。敢效贾谊之《治安》，窃仿子文之《必告》，以冀水师寅僚咸知御夷要旨，一览而了然于胸臆间也。虽然绛灌无文，知不免方家之笑，而海疆有备，庶稍伸报国之忱云尔。

关天培编写的《筹海初集》，从整体内容上看，或许有一些局限性，但是，关天培那些独树一帜的军事思想，却可以为后世在进行军事防御建设方面提供一定的思路与线索。除此之外，关天培的这部书，不仅仅在当时有着比较重要的现实意义，也为之后的战争研究，提供了非常重要的史学资料。

后记

　　在动笔书写关天培的故事之前，笔者对于关天培的印象，还只是将他视为一代的民族英雄，惊叹他的民族气节与铮铮傲骨。但是，随着对资料的阅读以及整理，一个完完整整的关天培就这样呈现了出来。此时的关天培，不再单单是史书上赞扬的为国捐躯的老将，而是一个有血有肉的军中儿郎。他自小就怀揣着对于过去英雄的崇拜，立志要精忠报国，鞠躬尽瘁。而后，他的仕途一帆风顺，皇帝与上级对他青眼有加，一时间，他成为风头正劲的臣子。

　　然而，内忧外患充斥在清王朝的四周及内里，面对着山河破碎风飘絮的场景，关天培忧心忡忡，面对着外国侵略者的步步践踏，关天培怒火中烧，面对着鸦片的肆虐横行，关天培痛心疾首。于是，当被任命为广东水师提督之时，关天培咬牙发誓，一定要建设好广东的海防，让铜墙铁壁般的海防，将敌人阻隔在国门之外。

关天培竭尽全力保家卫国。他修筑炮台，修筑工事，更新设备，整顿海军，体恤下属，全力禁烟。面对着敌人的挑衅，他临危不惧，指挥战士们进行反击。面对敌人的咄咄逼人，他不卑不亢，据理力争。就这样，这位老将用自己的实际行动，赢得了世人的尊敬。

可是，君心难测，当关天培等人抵御外侮的事业正在顺利进行的时候，道光皇帝却因为自私懦弱，再加上听信佞臣谗言，一道圣旨，革去了关天培志同道合的老友们的官职。没有了知己们的支持与帮助，关天培仅仅想凭借一己之力去抵抗侵略，难上加难。再加上琦善等人对于关天培百般刁难，万般阻碍，使得关天培几乎是腹背受敌。一方面，他要面临着朝堂上的血雨腥风，一方面，又要抵抗英国的侵略。

陷入如此困境的关天培，在战争中走向了死亡。但是，他依旧从容淡定，他在战场上奋勇杀敌，他在战场上拼尽全力，面对着枪林弹雨的袭击，他所想的，依旧是保家卫国，扬我国威。

关天培牺牲了，但是他的影响却远远不曾结束。他的种种精神，直到现在，依然被人称赞，依然被人欣赏。

笔者在进行这本书的编撰时，除了阅读和引用一些原始资料之外，还参考、引用了现在的部分书籍文章，包括《关天培》《民族英雄关天培》《爱国主义教育丛书：关天培》

《1841年虎门之战研究》《中国近代名将关天培》《关天培的忠孝观——评〈延龄瑞菊图〉跋》《关天培护航漕粮海运》《中英澳门关闸之战的初步研究》。这些书籍以及文章对于笔者对关天培整个人生的了解，提供了很大的帮助，在此一并表示感谢！

因为笔者水平有限，加之史料存在缺失现象，因此在书中难免会有疏漏之处，敬请读者批评指正！

关天培年谱

1781年　出生

1月8日，关天培出生于江苏省山阳县（今淮安），字仲
因，号滋圃。父亲名叫关自明，出身行伍。

1803年　23岁

关天培考取武庠生，中武秀才，被授予漕督右营把总。

1812年　32岁

关天培被授予扬州营中军守备。

1813年　33岁

关天培破获了一起私铸钱币案。

1826年　46岁

清政府初办漕粮海运，关天培押粮船千余艘平安至天津，被升为副将。

1827年　47岁

关天培被提升为江南苏松镇总兵。

1832年　52岁

春，关天培受命署理江南提督。

1834年　54岁

关天培被调任广东水师提督，上任后他全力进行虎门炮台的修筑，加强防卫。每年二月末、八月初，他都亲自率领五百士兵，到六地进行实战演习，操练枪炮。他还将建设虎门要塞的经验和汇集的有关资料，编成《筹海初集》四卷并附有诸多详细的地图和训练图、表等。

1837年　57岁

关天培积极配合两广总督邓廷桢打击鸦片走私贩。

1839年　59岁

关天培坚决支持钦差大臣林则徐的禁烟行动，出动水师承担收缴和销毁鸦片的重要而艰巨的任务，受到清廷加一级的奖励。

11月3日，关天培率军在虎门口外穿鼻洋战败英军挑衅，挫败了英国人的阴谋，史称穿鼻海战。关天培被道光皇帝赐予"英雄"称号。不久，官涌山保卫战爆发，关天培及其部下英勇作战，击退英军。

1840年　60岁

林则徐被撤职，关天培不为所动，仍然坚决主战。关天培坐镇虎门，仅剩数百名将士随其坚守要塞。他多次向上级请援，但均无法取得有力的援助。

1841年　61岁

二月初六，英军对虎门要塞发动总攻，年逾六旬的关天培亲自指挥，负伤十余处尚亲自开炮还击敌军。激战至傍晚，英军攻入炮台，关天培被枪弹击中，壮烈牺牲。